AIDE-MÉMOIRE

QUATRE CENT SOIXANTE-DIX FORMULES
mnémotechniques

POUR LA CHRONOLOGIE DES PRINCIPAUX FAITS

DE L'HISTOIRE DE FRANCE

Depuis les temps anciens jusqu'à la Révolution

MÉTHODE SIMPLE ET PRATIQUE POUR RETENIR LES DATES

PAR

I. & M. DE BONIT

PARIS
IMPRIMERIE E. CAPIOMONT ET Cie
6, RUE DES POITEVINS, 6

1891

AIDE-MÉMOIRE

QUATRE CENT SOIXANTE-DIX FORMULES
mnémotechniques
POUR LA CHRONOLOGIE DES PRINCIPAUX FAITS

DE L'HISTOIRE DE FRANCE

Depuis les temps anciens jusqu'à la Révolution

MÉTHODE SIMPLE ET PRATIQUE POUR RETENIR LES DATES

PAR

I. & M. DE BONIT

PARIS

IMPRIMERIE E. CAPIOMONT ET CIE

6, RUE DES POITEVINS, 6

—

1891

Reproduction interdite. — Tous droits réservés.

INTRODUCTION

> « La Géographie et la Chronologie
> sont les deux yeux de l'Histoire. »
> BACON.

Lorsqu'on se livre à l'étude de l'histoire, retenir la date des faits, certes, est chose difficile et pourtant indispensable. Bien peu y parviennent ; encore souvent n'est-ce qu'au prix de laborieux efforts de mémoire, travail aride et fatigant dont le profit est bientôt perdu.

Rendre l'étude des dates simple et commode, au moyen d'une méthode pratique et facile, sinon attrayante, accessible à tous, même à de jeunes élèves, tel est le but de notre modeste ouvrage.

Cette méthode, dite *mnémotechnique* ou *mnémonique*, consiste dans l'emploi de mots se rapportant à des faits donnés, et dont certaines lettres sont considérées comme représentant des chiffres déterminés.

Un exemple fera saisir immédiatement.

Prenons un fait historique :

613 : *Mort de Brunehaut.*

Nous voulons retenir la date 613. Pour y parvenir, il nous faut chercher un mot qui, par lui-même ou par la phrase à laquelle il appartient et dont il doit toujours être le dernier, rappelle le fait historique et renferme les lettres ayant la valeur des chiffres **6, 1, 3.**

Nous trouvons cette phrase :

Brunehaut subit un atroce **châtiment.**

Le mot *châtiment*, par ses lettres **ch, t, m,** qui correspondent aux chiffres **6, 1, 3,** rappelle la date voulue : 613.

Voici le tableau des lettres ayant une valeur mnémotechnique, avec l'indication au-dessus de chaque lettre du chiffre qui y correspond :

0	1	2	3	4	5	6	7	8	9
s	*t*	*n*	*m*	*r*	*l*	*j*	*k*	*f*	*b*
c doux	*d*	*gn*				*g* doux	*q*	*v*	*p*
t=c doux	*th*					*ch* doux	*c* dur	*ph*	
z							*g* dur		
							ch=k		

Seules les consonnes ont donc une signification mnémotechnique, et nous classons sous le même chiffre celles qui ont une consonnance identique.

On remarquera que les lettres **t, c, g** et **ch** figurent sous plus d'un chiffre : c'est qu'elles ne produisent pas toujours le même son. Ainsi :

La lettre **t** donne le chiffre **1,** mais vaut **0** lorsque, suivie d'un *i*, elle prend le son du **c** doux.

Exemple : *tentation.*
            1   1 0

Le **c** doux vaut **0** ; le **c** dur se prononçant comme **k** vaut **7.**

Exemple : *cécité, concile, concave.*
            0 0   7 0   7 7

Le **g** doux vaut **6,** le **g** dur vaut **7.**

Exemple : *gigot.*
            6 7

Le *ch* doux vaut 6 ; *ch* dur, ayant le son du *k*, vaut 7.
Exemple : *chat, chaos.*
         6   7

Nous avons encore la lettre *x*, qui ne se trouve pas dans le tableau.

x ayant le son de *s* vaut 0.
Exemple : *Dixième.*
              0

x se prononçant comme *ks* vaut 70 : *k, s.*
                                        7 0

Exemple : *Toxique, expier, excès,*
Comme : *Toksique, ekspier, ekscès.*
          70   70   7 0

Ceci établi, il nous faut expliquer le fonctionnement de notre méthode.

Elle repose sur la décomposition de la syllabe directe ou ouverte, de la syllabe inverse et de la syllabe close ou fermée.

On sait que la syllabe ouverte est celle qui commence par une consonne et finit par une voyelle.

La syllabe inverse, celle qui commence par une voyelle et finit par une consonne.

Et la syllabe fermée, celle où la voyelle se trouve entre des consonnes.

C'est dans les syllabes que nous prenons nos consonnes-chiffres. Voici dans quelles conditions :

Dans la syllabe ouverte, ce sont les consonnes intiales qui donnent les chiffres.

Exemple : *Colère, trouble, Cléopâtre.*
           7 5 4   14 95   75 9 14

Dans la syllabe inverse, la consonne venant après la voyelle donne le chiffre.

Exemple : *Empire, injuste, argent, extrême.*
            3   2   4   70

Dans la syllabe fermée, ce sont encore, comme dans la syllabe ouverte, les consonnes initiales qui fournissent les chiffres, tandis que les consonnes venant après la voyelle et formant la syllabe ne comptent point.

Exemple : *trem**bl**em**en**ts.*
    14 95 3

Cependant, lorsqu'une des consonnes qui ferment la syllabe semble par son articulation marquée être suivie d'une voyelle et commencer ainsi une syllabe nouvelle, dans ce cas cette consonne acquiert la valeur d'un chiffre.

Exemple: *fatal, amour, mort, choc, chef, transport.*
Comme : *fatale, amoure, more, choque, chéfe, transepore.*
    5   4 4 7   8   0 4

Enfin, lorsque deux consonnes de même valeur-chiffre se rencontrent accolées, elles ne comptent que pour une.

Exemple : *A**bb**esse, ac**qu**iescer.*
    9 0 7 0

La méthode mnémotechnique admet certaines licences. C'est ainsi que les lettres représentant les chiffres ne doivent pas nécessairement appartenir au même mot ; c'est ainsi encore qu'il nous est arrivé plus d'une fois de rappeler une date au moyen de la lettre initiale de trois ou quatre mots différents. Est facultative la suppression du chiffre 1 du millésime, quand il s'agit de faits connus, pour lesquels une méprise de mille ans n'est guère possible.

Telle est, exposée en quelques lignes, toute notre méthode.

Nos efforts ont tendu à la simplifier autant que faire se pouvait et à la condenser en quelques grands principes saisissables à première vue.

Quelque pratique la rendra promptement familière.

Le lecteur remarquera, en parcourant notre travail, que la date de certains faits historiques n'a pas été mnémonisée. C'est que la plupart de ces faits, d'une nature complexe ou générale, ou d'intérêt secondaire, inscrits dans le but de servir de traits d'union en tre d'autres faits, se prêtaient peu à la mnémotechnie.

Nous n'avons pas cru davantage devoir mnémoniser plus d'une fois une même date, lorsque les faits qui se sont produits la même année se liaient plus ou moins entre eux.

On voudra bien être indulgent pour nos formules, dont la structure est souvent forcément tourmentée, et pour nos mots mnémotechniques, dont le choix est restreint et imposé. Trouver un mot qui, devant venir à la fin d'une formule, indique par ses consonnes la date d'un fait historique et soit plus ou moins exactement en rapport avec ce fait, n'est pas toujours chose facile; et si l'on rencontre dans le cours de l'ouvrage quelques mots mnémotechniques bizarres, qu'on veuille bien ne pas s'en effaroucher, les mots originaux ou baroques s'implantant le mieux dans la mémoire.

l. et M. DE BONIT.

Paris, 1891.

HISTOIRE DE FRANCE

TEMPS ANCIENS

Les Gaulois.

600   Fondation de Marseille par les Phocéens.
Les Gaulois concèdent aux Phocéens d'un territoire la **jouissance.**
6 0 0

589   Bellovèse, à la tête des Gaulois, envahit la Haute-Italie.
Rome, trop éloignée, contre Bellovèse ne se **lève pas.**
5 8 9

390   Les Gaulois s'approchent de Rome. Défaite des Romains sur l'Allia. Prise de Rome. Après avoir occupé la ville pendant sept mois, les Gaulois tentent l'assaut du Capitole ; ils sont repoussés par Manlius.
Les oies sacrées rendirent l'assaut des Gaulois **impuissant.**
3 9 0

390   « Væ Victis » ! Le Brenn gaulois pesant l'or de Rome, comme surplus de poids sa large épée et son baudrier **impose.**
3 9 0

279   Les Gaulois se dirigent sur Delphes pour piller les trésors du temple. Un tremblement de terre fait rouler sur leurs têtes les rochers du mont Parnasse. Leur désastre est complet.
A Delphes, les Gaulois point longtemps **ne campent.**
2 7 9

278	D'autres Gaulois s'emparent de la Phrygie et une colonie, qui sera nommée *Galatie*, fondent (1). 2 7 8

Les Gaulois sous les Romains.

122-118	Fondation d'Aix et de Narbonne.

112-110	Invasion des Cimbres et des Teutons.
	       Invasion cimbrique et **teutonne.**
	                                   1 1 2

102	Les Teutons sont exterminés par le consul romain Marius dans deux sanglantes batailles à Aix.
	    Les Cimbres des Teutons s'étaient **désunis.**
	                                    1 0 2

59	Jules César se fait adjuger le gouvernement des deux Gaules et passe les *Alpes.* 5 9

58	Victoire de César sur les Helvètes et les Suèves
	    Contre les Helvètes et les Suèves César se **lève.**
	                                    5 8

57	Rude campagne de César contre les Belges.
	    Contre César les Belges s'étaient **ligués.**
	                                    5 7

56	Guerre d'Armorique et d'Aquitaine.
	    Les légions de César sur les bords de la mer s' **allongent.**
	                                    5 6

53	Répression de la ligue formée par les Carnutes, les Éburons, les Nerviens et les Trévires, sous la conduite d'Ambiorix et d'Indutiomar.
	    En Gaule la révolte s'était **allumée.**
	                                    5 3

52	Soulèvement général de la Gaule. — Siège d'Alésia. Héroïque défense par le Vercingétorix jusqu'à la dernière **haleine.** 5 2

1. Nous employons ici pour nos chiffres la lettre initiale de trois mots. C'est une variante de notre méthode, que nous rencontrerons encore.

51 Alésia succombe. Le Vercingétorix se rend
à César. Soumission des Bellovaques et des
Cadurques.
     De la Gaule ce fut la dernière *lutte.*
                 5 1

50 César achève la conquête de la Gaule trans-
alpine et en assure à la République la *liaison.*
                 5 0

Ap.J.-C.
70 Soumission de Civilis, chef des Bataves, et
répression de la révolte de Sabinus, sous le
règne de l'empereur Vespasien.
     De la révolte batave, Vespasien réprima les *excès.*
                 7 0

270-284 Les Bagaudes : révolte des paysans Gaulois
contre la domination romaine sous Aurélien,
Probus et Dioclétien, provoquée par les excès
de la fiscalité impériale.
     Les Bagaudes de meurtres et de pillages se sont *enivrés.*
                 2 84

395 Théodose le Grand a partagé entre ses deux
fils, Arcadius et Honorius, l'empire romain
en empire d'Orient et empire d'Occident.
La Gaule est dans le lot d'Honorius.
     De l'Empire romain, ce fut le partage *immuable.*
                 3 95

Invasion des Barbares.

406-410 Les Vandales, les Suèves, les Alains et les
Burgondes envahissent et ravagent la Gaule.
     Des barbares ce fut en Gaule l' *irradiation*
                 4 1 0

418 Les Burgondes s'établissent dans la Séqua-
naise et les Francs dans le pays de Tongres.

418 Les Visigoths s'établissent en Aquitaine ;
Toulouse devient la capitale de leur Empire.

LES MÉROVINGIENS

Pharamond.

420   Pharamond, premier roi des Francs en Gaule.
Au règne de Pharamond l'histoire   *renonce.*
                                                              4 2 0

Clodion.

428   Clodion, dit le Chevelu, est des Francs Saliens le *roi nouveau.*
                                                              4 2 8

445   Clodion s'empare de Tournai et de Cambrai et s'avance jusqu'à la Somme.

448   Les Francs, célébrant près de Hesdin le mariage d'un de leurs chefs, sont surpris et mis en déroute par Aétius, général de Valentinien III.
Les conviés au festin rapidement se   *raréfient.*
                                                              4 4 8

448   Clodion ne survit pas à sa défaite.

Mérovée.

448   Mérovée, parent de Clodion, lui succède.
Le règne de Mérovée n'offre que de   *rares faits.*
                                                             4 4 8

451   Attila, roi des Huns, envahit la Gaule, détruit Metz et vingt autres cités. — Dans sa marche sur Troyes, par saint Loup il fut *ralenti.*
                                                              4 5 1

451   Les armées réunies d'Aétius, de Théodoric Ier, roi des Visigoths, et de Mérovée, roi des Francs Saliens, infligent à Attila une sanglante défaite aux champs catalauniques, près de Méry-sur-Oise.
Aétius, Théodoric et Mérovée contre Attila, des Huns le   *roi, luttent.*
                                                              4 5 1

Childéric.

456	Childéric succède à Mérovée son père.	
	Childéric avait des mœurs	**relâchées.** 4 5 6
460	Childéric est chassé à cause de ses débauches. Au général romain Aegidius est donnée la	**régence.** 4 6 0
464	Rappel de Childéric.	
	Les Francs à son exil Childéric	**arrachèrent.** 4 6 4
481	Mort de Childéric à Tournai.	
	Childéric fut descendu au tombeau, des ornements	**royaux vêtu.** 4 8 1

MOYEN AGE

Clovis.

481	Clovis, fils de Childéric, lui succède.	
	Clovis fut presque toujours de son armure	**revêtu.** 4 8 1
486	Victoire de Clovis sur Siagrius, à Soissons. Au partage du butin, un soldat dispute à Clovis un vase sacré ; *de cette injure Clovis prendra*	**revanche.** 4 8 6
493	Clovis épouse Clotilde, nièce de Gondebaud, roi des Burgondes.	
496	Bataille de Tolbiac. Clovis invoque le dieu de Clotilde, et contre les Alamans	**rebuche.** 4 9 6
507	Bataille de Poitiers ou de Voulon. Défaite des Visigoths. Mort d'Alaric II.	
	Clovis rudement	**les secoue.** 5 0 7
508	Clovis s'empare de Toulouse et pille les trésors d'Alaric II.	
	Ce pillage point ne	**l'assouvit.** 5 0 8
508	Clovis fixe sa résidence à Paris.	

510   Clovis étend ses possessions en faisant assassiner les petits rois des Francs.
Tous par lui tués sont.
5 1 0

511   Mort de Clovis.
Clovis avait beaucoup vécu sous la tente.
5 1 1

PARTAGE DE LA MONARCHIE FRANQUE

ENTRE LES QUATRE FILS DE CLOVIS.

Childebert.

511   Childebert devient roi de Paris;
Clotaire, roi de Soissons;
Clodomir, roi d'Orléans;
Thierry, roi de Metz.
Les quatre fils de Clovis d'une part égale sont lotis tous.
5 1 1

524   Clodomir s'empare de Sigismond, roi des Burgondes, et le fait jeter, ainsi que sa femme et son fils, dans un puits où il les noiera.
5 2 4.

524   Clodomir périt dans une bataille contre Gondemar, successeur de Sigismond.

528   Childebert et Clotaire égorgent deux des fils de Clodomir.
Par les oncles sont massacrés les neveux.
5 2 8

Clodoald (saint Cloud) échappe au meurtre.

530   Conquête de la Thuringe par Thierry.

534   Childebert et Clotaire font la conquête de la Burgondie.

542   Expédition de Childebert et de Clotaire en Espagne, *dans le but d'y* larronner.
5 4 2

558   Childebert meurt sans laisser d'héritier.

Clotaire Ier.

558   Clotaire Ier succède à son frère Childebert; il devient seul roi de France.

Clotaire avait en lui de toute chose mauvaise **le levain.**
558

560   Chramme, fils naturel de Clotaire, révolté, fuit en Bretagne. Il est poursuivi et vaincu par son père qui le fait brûler avec sa femme et ses enfants dans une cabane, où enfermés *ils gisaient.*
560

561   Clotaire meurt dans sa villa de Compiègne.

Clotaire s'est rendu odieux par ses cruelles et sanguinaires **lâchetés.**
561

DEUXIÈME PARTAGE DE LA MONARCHIE FRANQUE

ENTRE LES QUATRE FILS DE CLOTAIRE Ier

Charibert obtient l'Aquitaine et règne à Paris;
Gontran, la Burgondie, capitale Chalon-sur-Saône ;
Sigebert, l'Austrasie, capitale Metz ;
Chilpéric, la Neustrie, capitale Soissons.

Charibert.

561   Charibert s'oublie dans de basses et sensuelles **lâchetés.**
561

566   Sigebert épouse, à Tolède, Brunehaut, fille d'Athanagilde, roi des Visigoths.

567   Mort de Charibert. Ses frères se partagent son royaume.

Chilpéric Ier.

567   Chilpéric, roi à Paris, épouse Galswinthe, sœur de Brunehaut ; il la fait étrangler l'année suivante à l'instigation de Frédégonde,

qui déjà d'un funeste amour **l'a choqué.**
567

568   Chilpéric épouse Frédégonde.

573   Saint Grégoire est nommé évêque de Tours. Chroniqueur, il raconte l'histoire *éloquemment.*
                                                              5 7 3

575   Guerre entre Chilpéric et Sigebert. Frédégonde fait assassiner Sigebert par deux soldats que, sans méfiance, il avait près de *lui accueillis.*
                                                              5 7 5

584   Meurtre de Chilpéric, au bras d'un assassin par Frédégonde *livré.*
                                                              5 8 4

Clotaire II.

584   Clotaire II, enfant de quatre ans, succède à Chilpéric. — A Frédégonde sa mère, avec la tutelle, le pouvoir est *livré.*
                                                              5 8 4

587   Traité d'Andelot; premier pas vers la Féodalité. *Ce traité fut pour les Leudes un lot fécond.*
                                                              5 8 7

596   Victoire de Clotaire II, à Leucofao, sur les Austrasiens dirigés par Brunehaut. *La victoire de Leucofao de Frédégonde est l'apogée.*
                                                              5 9 6

597   Mort de l'horrible Frédégonde. *Comme une vipère elle piqua.*
                                                              5 9 7

613   Mort de Brunehaut. *Brunehaut subit un atroce châtiment.*
                                                              6 1 3

613   Clotaire II réunit toute la monarchie des Francs.

628   Mort de Clotaire II.

Dagobert Ier.

628   Dagobert Ier succède à son père Clotaire II et règne sur l'Austrasie, la Neustrie et la Bourgogne.

Ce prince sage, juste, justicier, fut le Salomon des Francs. *Plus populaire roi que Dagobert au moyen âge ne fut.*
                                                              6 2 8

638   Mort de Dagobert, âgé de 36 ans.

Dagobert et ses descendants ne vécurent jamais vieux.
6 3 8

Clovis II.

638   Clovis II, enfant, succède à son père Dagobert en Neustrie et en Bourgogne, sous la tutelle d'Erkinoald.

Sigebert II, âgé de 4 ans, règne en Austrasie sous la tutelle du maire Pépin de Landen.

656   Clovis II meurt à l'âge de 22 ou 23 ans.

656   Clotaire III, fils de Clovis II, règne en Neustrie sous la tutelle de sa mère Bathilde.

660   Childéric II règne en Austrasie.

670   Mort de Clotaire III, âgé de 18 ans.

LES ROIS FAINÉANTS
CES ROIS MÉRITENT A PEINE D'ÊTRE CONNUS

670   Thierry III, 3ᵉ fils de Clovis II, est placé sur le trône de Neustrie par Ébroïn, maire du Palais.

670   Thierry III et Ébroïn sont renversés et enfermés dans un couvent par Childéric II, qui devient seul roi.

673   Childéric II est assassiné.

673   Thierry III est replacé sur le trône. Il meurt en 691.

LES CARLOVINGIENS

687   Pépin d'Héristal, duc de l'Austrasie, devenue république, remporte la victoire de Testry et devient l'arbitre de la Neustrie avec le titre de maire du Palais. Il fait passer rapidement sur le trône plusieurs rois enfants.

Pépin d'Héristal est la tige des Carlovingiens ; *un Pépin en* **jets fécond.**
6   8 7

691   Clovis III, enfant, succède à Thierry III son père.

695   Mort de Clovis III.

Childebert III, son fils, lui succède. Pépin d'Héristal continue de régner sous son nom.

711   Dagobert II succède à son père Childebert III.

714   Mort de Pépin d'Héristal, duc et prince des Francs.

Pépin d'Héristal sut habilement le royaume **conduire.**
7 1 4

Les derniers rois fainéants furent :

715   Chilpéric II ⎫
720   Thierry IV   ⎬ sous Charles Martel.

742   Childéric III, qui fut enfermé en 752 dans un monastère par Pépin le Bref.
C'est le dernier roi de la race mérovingienne.

Charles Martel.

715   Charles Martel, bâtard de Pépin d'Héristal, règne sur toute la France avec le titre de maire du Palais.

Charles fut surnommé Martel, parce que sa hache d'armes de terribles **coups taillait.**
7   1 5

732   Victoire de Poitiers remportée par Charles Martel sur les Sarrasins.

Le choc fut terrible : l'extermination des Sarrasins peu **commune.**
7 3 2

737   Charles Martel incendie les arènes de Nîmes, où résistaient les Sarrasins avec leur **caïmacan.**
7 3 7

741   Mort de Charles Martel.

Charles Martel dans la bataille ne faisait pas **quartier.**
7 41

Pépin le Bref.

741   Mairie de Pépin le Bref, fils de Charles Martel.
Pépin fut dit le Bref à cause de sa taille **courte.**
                                                               7   4 1

752   Pépin le Bref est proclamé roi.
Des rois carlovingiens, Pépin le Bref ouvre la **colonne.**
                                                              7 5 2

754-756   Expédition de Pépin en Italie. Sa donation au Saint-Siège est l'origine de la puissance temporelle des Papes.
A Rome sonnèrent les **cloches.**
                                                              75 6

757-758   Constantin Copronyme, empereur de Constantinople, envoie à Pépin les premières orgues connues en France, *à plusieurs jeux et à* **clavier.**
                                                             75 8

768   Pépin le Bref meurt à Paris.
Pépin le Bref fut un **héroïque chef (1).**
                                                              7 6 8

768   Charlemagne et Carloman succèdent à Pépin le Bref, leur père.
Charlemagne n'est pas encore l' **unique chef.**
                                                              7 6 8

Charlemagne.

771   Charlemagne seul roi.
Charlemagne va commencer ses **conquêtes.**
                                                              7 7 1

774   Conquête de la moitié de l'Italie. Charlemagne est reçu en triomphe à Rome par le pape Adrien Ier, auquel il confirme la donation de Pépin le Bref.
Charlemagne est reçu à Rome comme un glorieux **conquérant.**
                                                              7 7 4

772-804   Guerres de Saxe.

---

(1) On ne trouve pas toujours des mots convenables correspondant à eux seuls à la date que l'on veut rappeler. Il nous a fallu souvent emprunter une ou deux lettres-chiffres au mot précédant le dernier mot.

780   Guerre entre l'Elbe et l'Oder.

787-796   Guerre contre les Avars.

778-812   Expédition en Espagne.

778   Mort de Roland à Roncevaux.
Roncevaux est une vallée profondément **concave.**
                               7   7 8

800   Charlemagne à Rome se fait couronner empereur d'Occident par le pape Léon III,
qui remplit l' **office saint.**
                               8 0   0

808   Apparition des Northmans.
Déjà des Northmans on redoute l' **offensive.**
                               8   0 8

814   Mort de Charlemagne à Aix-la-Chapelle. Il avait fait couronner son fils Louis, *pressentant sa fin* **future.**
                               8 1 4

DÉMEMBREMENT DE L'EMPIRE DE CHARLEMAGNE

Louis le Débonnaire.

814   Louis le Débonnaire succède à Charlemagne comme roi de France et empereur d'Occident.
Sous Louis le Débonnaire, l'Empire va s' **effondrer.**
                               8   14

817   Louis fait un partage de ses États entre ses trois fils : l'aîné, Lothaire, est associé à l'Empire ; Pépin obtient l'Aquitaine, et Louis dit le Germanique, la Bavière.

818   Bernard, petit-fils de Charlemagne, que son aïeul avait fait roi d'Italie, se révolte. Sa soumission et sa mort.
Bernard s'était confessé **fautif.**
                               8   18

818	Mort d'Ermengarde, première femme de Louis le Débonnaire.
819	Louis épouse Judith, fille de Welf, comte de Bavière.
822	Louis, pour expier ses fautes et sa cruauté envers Bernard, se soumet à une pénitence publique à Attigny.

Louis subit une **avanie inouïe.**
8 2 2

829-830	Louis le Débonnaire donne à son quatrième fils, qu'il eut de Judith, Charles le Chauve, l'Alamanie. Mécontentement de ses autres fils qui se révoltent et font enfermer leur père dans un couvent. Louis, soutenu par le clergé, est bientôt rétabli.

Les fils de Louis des États de leur père **affamés sont.**
8 3 0

833	Nouvelle révolte des fils de Louis. Pris par eux, le roi est dégradé et déposé.
834	Louis est rétabli par les évêques.

La seconde claustration de Louis n'eut qu'une durée **éphémère.**
8 3 4

840	Louis le Débonnaire est obligé de marcher contre son fils Louis le Germanique; il le bat et meurt bientôt après de douleur.

Louis eut toujours à lutter contre ses fils, de l'héritage paternel **voraces.**
8 4 0

820-840	Les Northmans ravagent les côtes de France et pénètrent jusqu'à Tours et Rouen.

Le nom seul de ces farouches pirates donnait le **frisson.**
81 0

Charles II, le Chauve.

840	Charles le Chauve est reconnu roi de France.

Oserions-nous dire que Charles le Chauve n'avait pas besoin qu'on le **frisât.**
81 0

841	Bataille mémorable de Fontanet.

Les fils de Louis le Débonnaire à Fontanet s' **affrontent.**
8 4 1

843   Traité de Verdun. Le partage définitif de l'Empire de Charlemagne est *affirmé.*
                                                  8 4 3

844   Les Northmans s'avancent jusqu'aux portes de Paris. Charles le Chauve achète leur retraite.
                      Grande était la **frayeur.**
                                                  8 4 4

856   Les Northmans entrent à Paris. Pillage de cette ville. Ils ravagent Orléans, Bourges et Clermont.
                Des Northmans ce fut l'effroyable **avalanche.**
                                                  8 5 6

La Féodalité s'affirme; de nombreux châteaux forts s'élèvent.

861   Création du duché de France, en faveur de Robert le Fort (bisaïeul de Hugues Capet), dans le but d'opposer une résistance aux Northmans.
          Envahie par les Northmans, la France dévastée **végétait.**
                                                  8 6 1

866   Mort de Robert le Fort à Brissarthe. Surpris de nuit par les Northmans, ce *valeureux* **chef choit.**
                                                  8 6 6

Son fils Eudes lui succède dans le duché de France.

877   Édit de Kiersy-sur-Oise par lequel le droit d'hérédité des bénéfices féodaux **fut conquis.**
                                                8 7 7

877   Mort de Charles le Chauve au retour d'une expédition en Italie.
      Charles le Chauve vit son royaume constamment ravagé par les Northmans et point il ne **vécut gai.**
                                                8 7 7

Louis II, le Bègue.

877-879   Louis II succède à son père Charles le Chauve; il meurt à Compiègne en 879.
      Incapable de résister aux grands vassaux, il prépara par ses concessions le triomphe de la féodalité.
                  Louis le Bègue bégaie comme un **vieux coco.**
                                              8 7 7

Louis III et Carloman.

879   Avènement des deux fils de Louis II :
Louis III et Carloman.

> *Ils passent rapides comme des* **vagabonds.**
> 8 7 9

882   Louis III meurt à Saint-Denis à l'âge de 12 ans. Carloman règne seul.

882   Hastings, le célèbre chef des Northmans, se convertit au christianisme et reçoit le comté de Chartres.

> *En vrai Normand, Hastings* **fut finaud.**
> 8 8 2

884   Carloman meurt à la chasse, blessé par un sanglier, *pendant que résonnait la* **fanfare.**
                                                 8 8 4

Charles le Gros.

884   Charles le Gros, empereur de Germanie, succède à Carloman comme roi de France, au préjudice de Charles le Simple, fils posthume de Louis le Bègue.

> *Charles le Gros ne sera qu'un méprisable* **fanfaron.**
> 8 8 4

886   Les Northmans assiègent Paris pendant une année. La ville est courageusement défendue par Eudes, comte de Paris, et l'évêque Gozlin.

887   Charles le Gros s'approche enfin pour secourir Paris, mais n'ose combattre, et par un honteux traité écarte les Northmans. — Il est déposé par ses sujets.

Eudes.

887   Eudes, duc de France et comte de Paris, fils de Robert le Fort, est appelé au trône de France, que la déposition de Charles le Gros a **fait vacant.**
                                                 8 8 7

894   Eudes marche contre Charles le Simple qui revendique le trône. Charles s'enfuit à Worms, où il *trouva abri.*
                                                             8 9 4

Charles III, le Simple.

898   Mort d'Eudes. Charles le Simple est seul roi.
                 Charles le Simple un **faible prince fut.**
                                                      8 9 8

911   Traité de Saint-Clair-sur-Epte, par lequel Charles le Simple cède à Rollon, chef des Northmans, la province qui devient la Normandie.
       Le traité de Saint-Clair-sur-Epte justifie-t-il pour Charles III de « Simple » l' **épithète ?**
                                                        9 1 1

917   Mort de Rollon, premier duc de Normandie. Son fils Guillaume Ier lui succède.

Robert Ier.

922   Robert Ier, frère d'Eudes, est élu roi par les nobles contre Charles le Simple.
       Pour Charles le Simple, les nobles avaient des dispositions peu **bénignes.**
                                                        9 2 2

923   Robert est surpris et tué, près de Soissons, par les gens de Charles le Simple.

Raoul.

923   Raoul, duc de Bourgogne, gendre de Robert, est proclamé roi.
       Raoul règnera sans beaucoup d'éclat, **bonnement.**
                                                        9 2 3

923   Charles le Simple, trahi dans une entrevue, tombe entre les mains d'Herbert, comte de Vermandois, qui l'enferme dans le château de Péronne.

929   Mort de Charles le Simple.
　　　　　　　　　Charles le Simple meurt à *Péronne en prison.*
　　　　　　　　　　　　　　　　　　　　　　　9　　2 9

936   Mort de Raoul.
　　　　　　　　　Ce prince ne fut *pas méchant.*
　　　　　　　　　　　　　　　　　　9　3 6

Louis IV d'Outre-Mer.

936   Hugues le Grand, duc de France, beau-frère de Raoul, rappelle d'Angleterre Louis IV d'Outre-Mer, fils de Charles le Simple, et le place sur le trône.
　　　　A *Louis d'Outre-Mer plusieurs seigneurs accordent* *appui, hommage.*
　　　　　　　　　　　　　　　　　　　　　　9　　3 6

937   Hugues ne tarde pas à avoir des démêlés avec Louis d'Outre-Mer.

941   Louis est contraint de livrer à Hugues la ville de Laon, la seule place qui lui reste.
　　　　Louis d'Outre-Mer est par Hugues le Grand *piraté.*
　　　　　　　　　　　　　　　　　　　　9 4 1

948   Louis vient se plaindre au concile d'Ingelheim des usurpations de Hugues.
　　　　Louis vient au concile d'amertume *abreuvé.*
　　　　　　　　　　　　　　　　　　　94 8

Lothaire.

954   Mort de Louis IV d'Outre-Mer. — Son fils Lothaire, âgé de quinze ans, est couronné avec l'appui de Hugues le Grand.
　　　　　　　　Lothaire, son père *pleura.*
　　　　　　　　　　　　　　　　9 5 4

956   Mort de Hugues le Grand.

956   Hugues Capet, son fils, lui succède dans le duché de France.
　　　　Hugues Capet fait de son père l' *apologie.*
　　　　　　　　　　　　　　　　　　9 5 6

978   Guerre entre Lothaire et Othon II, empereur d'Allemagne.

986   Mort de Lothaire.
　　　　Hugues Capet en fut *pas fâché.*
　　　　　　　　　　　　　　　9 8 6

Louis V le Fainéant.

986   Louis V, dit le Fainéant, succède à Lothaire son père.

987   Mort de Louis V, qu'on dit empoisonné par sa femme Blanche.

Hugues Capet le trône ne laisse   pas vacant.
9   8   7

Fin de la dynastie carlovingienne.

LES CAPÉTIENS

Hugues Capet.

987   Hugues Capet, fondateur de la dynastie capétienne, prend le titre de roi.

Sur le trône   Paris voit Capet.
9   8   7

988   Charles de Lorraine, second fils de Louis d'Outre-Mer, s'empare de Laon et de Reims. Inaction de Hugues Capet.

A repousser Charles de Lorraine, Hugues Capet se montre   peu vif.
9   8   8

991   Gerbert est nommé archevêque de Reims. Il fut le premier Français qui, sous le titre de Silvestre II, parvint à la papauté.
9   9   1

On attribue à Gerbert l'invention d'une horloge à balancier et l'introduction des chiffres arabes.

996   Mort de Hugues Capet.

Robert II.

996   Robert II succède à son père Hugues Capet.
Robert II fut un roi   *bibiche.*
9 9 6

1000   Solennité de l'an 1000. Terreurs, croyance à la fin du monde.

1022   Première exécution d'hérétiques en France.

1031   Mort de Robert II.

Henri Ier

1031   Henri Ier, fils de Robert II, malgré l'opposition de sa mère, sur le trône
des aïeux monte.
1 0 3 1

1032   Fondation de la première maison capétienne de Bourgogne. Henri cède à son frère Robert le duché de Bourgogne. Il donne le Vexin français au duc de Normandie, Robert le Magnifique ou le Diable.
Henri Ier les domaines de la couronne   *dissémine.*
1 0 3 2

1035   Robert le Diable meurt à Nicée, en revenant de son pèlerinage à Jérusalem.
En Robert s'était le diable   *dissimulé.*
1 0 3 5

Guillaume le Bâtard

1035   Guillaume, fils bâtard de Robert le Diable, lui succède.

1041   Institution de la Trêve de Dieu. Elle suspendait pendant un temps déterminé les continuelles guerres des seigneurs, lesquelles rendaient les campagnes
désertes.
1 0 4 1

1054   Henri Ier est battu par Guillaume le Bâtard à la rude affaire de Mortemer.
Du désastre de Mortemer le roi Henri se   *désolera.*
1 0 5 4

1060   Mort de Henri Ier.

Philippe Ier

1060   Philippe Ier, fils de Henri Ier, âgé de 7 ans, lui succède sous la tutelle de sa mère, la reine Anne. Prince indolent, il restera indifférent à la conquête de l'Angleterre et à la première croisade.

Il y avait en Philippe Ier plus de mollesse que **de sagesse.**
                                                                      1 0 6 0

FONDATION DU ROYAUME DES DEUX-SICILES
PAR LES NORMANDS

1053   Les Normands étant arrivés en grand nombre dans la Pouille, le pape Léon IX, qui les redoutait, marche contre eux ; il est vaincu et fait prisonnier à Civitella. Robert Guiscard, le chef normand, y fit sentir le poids **de sa lame.**
                                                                      1 0 5 3

1054   Le pape Léon IX accorde aux Normands, outre la Pouille, les pays qu'ils pourront conquérir en Calabre et en Sicile.

1061   Roger, frère de Robert Guiscard, s'empare de Messine.

1064   Robert Guiscard et Roger attaquent Palerme, qui résistera 8 ans.

1084   Le pape Grégoire VII, assiégé dans le château Saint-Ange par l'empereur Henri IV, est secouru par Robert Guiscard.

Henri IV ressentant l'injure de Canossa,
accabla Rome **de sa furie.**
                                                                      1 0 8 4

CONQUÊTE DE L'ANGLETERRE PAR LES NORMANDS

1065   Le saxon Harold, fils de Godwin, envoyé en Normandie, est amené par Guillaume le Bâtard à prêter sur des reliques le serment de l'aider à obtenir le royaume d'Angleterre après la mort d'Édouard le Confesseur.

Guillaume le Bâtard posa là un astucieux jalon.
                                                  1 0 6 5

1066   Mort d'Édouard le Confesseur. Harold lui succède.

1066   Guillaume le Bâtard débarque sur les côtes d'Angleterre. — Bataille d'Hastings. Mort de Harold. Guillaume dépouille les Anglo-Saxons; il s'adjuge à lui-même 1462 manoirs et les principales villes, et distribue entre ceux qui l'ont suivi châteaux et seigneuries.

Il fut facile à Guillaume de n'être pas de riches dotations chiche.
                                                  1 0 6 6

1078   Guillaume le Conquérant fait construire la Tour de Londres.

1087   Guerre entre Philippe Ier et Guillaume le Conquérant.

1087   Mort de Guillaume le Conquérant à Rouen.

Guillaume meurt au retour du sac de la ville de Mantes, victime de son odieuse fougue.
                                                  1 0 8 7

1087   Guillaume le Roux, second fils de Guillaume le Conquérant, lui succède en Angleterre, et Robert II Courte-Heuse, son fils aîné, en Normandie.

PÈLERINAGE ET PREMIÈRE CROISADE

1064   Pèlerinage en Palestine de 7000 chevaliers armés. Bien peu en revinrent; la plupart périrent et *leurs ossements sur le sol de l'Asie Mineure desséchèrent.*
                                                  1 0 6 4

1095   La 1ʳᵉ croisade est prêchée à Clermont par le pape Urbain II et par Pierre l'Ermite.
    Les premiers croisés étaient, en grand nombre, de pauvres et misérables **disciples.**
                                                     1 0 95

1096   Départ des armées des croisés.
Les principaux chefs étaient : Godefroy de Bouillon, Eustache et Beaudouin, ses frères, Hugues de Vermandois, frère de Philippe Iᵉʳ, Robert II, duc de Normandie, Bohémond, prince de Tarente, son cousin Tancrède, et Raymond, comte de Toulouse.
    Plus d'un croisé partit pour le rachat **de ses péchés.**
                                                       1 0 9 6

1097   Les croisés à Constantinople.

1097   Les croisés traversent l'Asie Mineure. Siège de Nicée. — Bataille de Dorylée ; défaite des musulmans.

1098   Prise d'Antioche par les croisés. Bohémond en est reconnu le souverain.

1099   Prise de Jérusalem (15 juillet). Godefroy de Bouillon et Tancrède sautent les premiers dans la place.

1099   Fondation d'un royaume français en Palestine. Godefroy de Bouillon est élu roi de Jérusalem.

1099   Victoire d'Ascalon, remportée par Godefroy de Bouillon sur 200.000 musulmans.
    La première croisade a inspiré au Tasse une admirable **odyssée-épopée,**
                                                       1 0 9 9

1100   Mort de Godefroy de Bouillon.
    Godefroy de Bouillon s'était distingué par la plus grande bravoure et beaucoup **de décision.**
                                                       1 1 0 0

1100   Mort de Guillaume II le Roux. Son frère Henri Iᵉʳ Beau Clerc ou le Savant, lui succède.

1106 A l'Angleterre, par la bataille de Tinchebray, la Normandie, possession

douteuse, échoit.
1 1 0 6

1108 Mort de Philippe Ier. Son règne offre peu d'intérêt.

Philippe Ier fut indolent *toute sa vie.*
          1 1 0 8

Louis VI, dit le Gros.

1108 Louis VI, dit le Gros, succède à son père Philippe Ier.

Louis VI contre les seigneurs féodaux lutta *toute sa vie.*
            1 1 0 8

1119 Henri Ier, roi d'Angleterre, défait Louis VI à Brenneville.

Trois combattants seulement furent tués au *tournoi de Brenneville.*
        1   1 1 1 9

1120 Naufrage de la « Blanche-Nef ».

Les fils de Henri Ier *tous deux noyés sont.*
           1 1 2 0

1124 Henri V, empereur d'Allemagne, envahit la France. Formidable armement de Louis le Gros qui force Henri V à repasser le Rhin.

Le cri de Mont-Joie Saint-Denis retentit alors pour la première fois, avec l'éclat *du tonnerre.*
            1 1 2 4

1127 Mariage de Mathilde, fille de Henri Ier, son héritière, et veuve d'Henri V, avec le comte d'Anjou, Geoffroy Plantagenet.

1137 Mort de Louis VI le Gros.

Louis VI d'énergie point *du tout manqua.*
          1 1 3 7

Louis VII, dit le Jeune.

1137 Louis VII, dit le Jeune, succède à son père Louis le Gros.

Louis VII avait épousé Éléonore de Guyenne, héritière du Poitou et du duché d'Aquitaine. Les importantes provinces qui devaient échoir à Éléonore, Louis par son divorce les fera à la France *toutes manquer.*
1 1 3 7

1140   Abélard, condamné au concile de Sens par saint Bernard, se retire dans le monastère de Cluny.
D'Héloïse et d'Abélard, on possède des lettres de *tendresse.*
1 1 4 0

1142   Louis VII fait à Vitry périr dans les flammes 1300 personnes réfugiées dans une église.
Par Louis VII, la ville de Vitry *avait été ruinée.*
1 1 4 2

1147-1149   Louis VII, en expiation de l'incendie de Vitry, entreprend la seconde croisade. Il est accompagné de sa femme Éléonore et secondé par Conrad, empereur d'Allemagne. Ils n'éprouvèrent que des revers et revinrent en Europe *détrompés.*
1 1 4 9

1152   Louis VII fait prononcer son divorce avec Éléonore de Guyenne.
Louis par l'indignation et la honte *était talonné.*
1 1 5 2

1152   Éléonore, deux mois après son divorce, épouse Henri Plantagenet et lui apporte en dot le duché de Guyenne avec la Gascogne, la Saintonge et le Poitou. — Henri, de son côté, par la mort de son père Geoffroy et de sa mère Mathilde, possédait les comtés d'Anjou, de Maine et de Touraine et le duché de Normandie.
De la France une riche partie Éléonore avec sa *dot aliéna.*
1 1 5 2

1154   Mort d'Étienne, roi d'Angleterre. Henri II Plantagenet lui succède au trône, *dont il était l'héritier* *titulaire.*
1 1 5 4

1166   Henri II fait épouser à son fils Geoffroy l'héritière de Bretagne. Par suite, à Geoffroy cet important *duché échoit* (1).
1 6 6

(1) Nous ~~sons~~ la faculté de supprimer le chiffre 1 du millésime.

Henri II est maître de tout le littoral de la France depuis la Flandre jusqu'aux Pyrénées.

1169   Henri II cède à son fils aîné, Henri Court-Mantel, l'Anjou et le Maine ; à Richard, son second fils, l'Aquitaine. Geoffroy, son troisième fils, possède la Bretagne.

1180   Mort de Louis VII.
Louis VII avait, par son divorce, fait perdre à la France de riches provinces un splendide faisceau.
1 1 8 0

1163   Notre-Dame de Paris est fondée par Maurice de Sully, évêque de Paris.

Philippe-Auguste.

1180   Philippe-Auguste, fils de Louis VII, monte sur le trône à l'âge de quinze ans. *Il mérite le surnom d'Auguste de* toutes façons.
1 1 8 0

1185   Par les guerres que Philippe-Auguste soutint, les comtés d'Amiens, de Vermandois et de Valois à la France ont été dévolus.
1 1 8 5

1189   Henri II meurt de chagrin en voyant le nom de son 4ᵉ fils, Jean sans Terre, en tête de la liste des vassaux infidèles.
Pour Henri II, chose toute va au pis.
1 1 8 9

1190   Troisième croisade.
Par le sultan Saladin la Sainte Croix avait été abaissée.
1 1 9 0

Les chefs de cette croisade furent : l'empereur Frédéric Barberousse, Richard Cœur de Lion, roi d'Angleterre, et Philippe-Auguste. On ne dépassa pas Saint-Jean-d'Acre.

1190   Frédéric Barberousse se noie dans le fleuve Sélef et son armée est presque entièrement détruite par les maladies.

1191   Les Croisés s'emparent de Saint-Jean-d'Acre, dont la résistance a *été domptée.*
1 1 91

1191   Rupture entre Philippe-Auguste et Richard Cœur de Lion. Philippe-Auguste retourne en France *tout dépité.*
1 1 9 1

1192   Richard conclut une trêve avec Saladin et quitte la Palestine.

1192   Richard, poussé par la tempête sur les côtes de la Dalmatie, tombe entre les mains de Léopold, duc d'Autriche, dont il avait jeté la bannière dans les fossés de Saint-Jean-d'Acre. Léopold le retient en prison.
Richard Cœur de Lion languit dans une étroite *taupinée.*
1 9 2

1194   Richard, qui a recouvré la liberté, livre à Philippe-Auguste le combat de Fréteval.

1199   Mort de Richard, au siège du château de Chalus, dans le Limousin.
Richard Cœur de Lion avait vécu une *éclatante épopée.*
1 1 9 9

1199   Jean sans Terre, frère de Richard, lui succède.

1202   Quatrième croisade, dirigée par Baudouin IX, comte de Flandre, Villehardouin, sénéchal de Champagne, Boniface II, marquis de Montferrat, et Henri Dandolo, doge de Venise.

1204   Les croisés, après la prise de Zara, se dirigent sur Constantinople. Ils s'emparent de cette ville et la mettent à sac. Baudouin, comte de Flandre, est élu empereur de Constantinople.
Les croisés ne prennent pas le chemin *de Nazareth.*
1 2 0 4

1204   Philippe-Auguste enlève aux Anglais la Normandie, le Poitou, la Touraine, l'Anjou et le Maine.

1209   Croisade contre les Albigeois. Sac de Béziers. Prise de Carcassonne.

> *A Béziers, 15 000 hommes, femmes et enfants sont massacrés comme* **damnés ou païens.**
>   1 2 0 9

1213   Simon de Montfort défait à la bataille de Muret les Albigeois que le pape Innocent III avait frappés **d'anathème.**
                                                                   1 2 1 3

1213   Philippe-Auguste attaque Ferrand, comte de Flandre, allié de Jean sans Terre.

1214   Bataille de Bouvines. Victoire de Philippe-Auguste. Ferrand est fait prisonnier.

> *Le comte de Flandre a dû regretter de n'être pas* **resté neutre.**
>   1 2 14

1215   Jean sans Terre, roi d'Angleterre, est contraint de signer la grande Charte.

> *Jean sans Terre donne la grande Charte à son pays* **natal.**
>   2 1 5

1216   Mort de Jean sans Terre. Son fils Henri III, âgé de neuf ans, lui succède.

1223   Mort de Philippe-Auguste.

> *Philippe-Auguste* **gît inanimé.**
>   1 2 2 3

Sous Philippe-Auguste, Paris fut embelli, reçut une nouvelle ceinture fortifiée, fut doté de halles, et un pavage remédia au primitif **état de voirie.**
                                                                                1 1 8 4

Louis VIII, le Lion.

1223   Louis VIII succède à son père Philippe-Auguste. Il avait, âgé de moins de quatorze ans, épousé Blanche de Castille.

> *Pour les Albigeois, Louis VIII a* **été un ennemi.**
>   1 2 2 3

1226   Louis VIII meurt à Montpensier.

Louis IX, dit saint Louis.

1226 Louis IX, âgé de onze ans, succède à son père Louis VIII. Sa mère, Blanche de Castille, prend la régence.

Louis IX sera saint et comme saint digne **d'une niche.**
1 2 2 6

1242 Henri III, roi d'Angleterre, est battu par saint Louis à Taillebourg et à Saintes.

Pour Henri III et saint Louis Taillebourg a **été une arène.**
1 2 4 2

1248 Première croisade de saint Louis. Il s'embarque au port d'Aigues-Mortes et passe l'hiver dans l'île de Chypre.

Saint Louis la délivrance de la **Palestine rêvait.**
1 2 4 8

Le sire de Joinville s'embarque à Marseille pour se joindre à saint Louis.

1249 Saint Louis aborde en Égypte, près de Damiette.

1250 Saint Louis marche vers le Caire. Combat désastreux de Mansourah; le comte d'Artois, frère du roi, est tué. Saint Louis est fait prisonnier par les Mameluks; il recouvre la liberté moyennant une forte rançon.

Saint Louis en avait de la vallée **du Nil assez.**
1 2 5 0

1251 Croisade des *Pastoureaux*, réprimée par Blanche de Castille.

1252 Mort de Blanche de Castille. Saint Louis revient en France.

1259 Traité d'Abbeville. Saint Louis rend à Henri III les provinces conquises par Louis VIII sur les Anglais : le Limousin, le Périgord, le Quercy, l'Agénois et une partie de la Saintonge.

Cette rétrocession causa à la France une perte plus grande que **d'un lopin.**
1 2 5 9

1270   Seconde croisade de saint Louis. Son armée débarque sur les ruines de Carthage et met le siège devant Tunis. Saint Louis meurt sous les murs de la place, *ayant eu de la* peste un accès.
                                                                           1 2 70

Saint Louis fit construire la Sainte-Chapelle pour recevoir la sainte Couronne d'épines venue de Constantinople.

MAISON D'ANJOU
ROYAUME DES DEUX-SICILES

1265   Charles d'Anjou, frère de saint Louis, est appelé en Italie par le pape Clément IV et conquiert le royaume de Naples.
                          Roi des Deux-Siciles est Charles d'Anjou élu.
                                                                                         1 26 5

1282   Les Vêpres siciliennes. Massacre des Français à Palerme.
                      Les Vêpres siciliennes furent suivies dans toute la Sicile de sanglantes neuvaines.
                                                                                         1 2 8 2

Philippe III le Hardi.

1270   Philippe le Hardi, fils de saint Louis, lui succède. On ignore ce qui fut du surnom de Hardi une cause.
                                                                                            1 2 7 0

1285   Philippe le Hardi meurt à Perpignan, au retour d'une expédition en Catalogne.
                      Les rêves de conquête étaient pour Philippe le Hardi envolés.
                                                                                               1 28 5

Philippe IV le Bel.

1285   Philippe IV le Bel succède à son père Philippe le Hardi. Il s'emparera des trésors du Temple et fera de la fausse monnaie.
                      Le sinistre règne de Philippe le Bel devrait pouvoir être couvert d'un voile.
                                                                                                   1 28 5

1300   La Flandre est réunie à la France.

1300   Philippe le Bel et la reine visitent l'opulente Bruges.

La reine y voit avec jalousie le fastueux apparat de **dames six cents.**
                                                                                              1 3 0 0

1302   Soulèvement de Bruges contre l'oppression du gouverneur Jacques de Châtillon. Pierre de Koninck et Jean Breydel. Les Matines brugeoises, massacre des Français.

Aux Matines brugeoises, plus de 4000 Français ont **été moissonnés.**
                                                                                              1 3 0 2

1302   Bataille de Courtrai ou des « Éperons d'Or ».

Les Flamands, à la bataille de Courtrai, d'éperons dorés une grande **quantité moissonnent.**
                                                                                              1 3 0 2

1302   Embarras financiers de Philippe le Bel. Impôts et altération des monnaies.

1303   Boniface VIII lance cinq bulles contre Philippe le Bel. Celui-ci fait partir secrètement pour l'Italie Guillaume de Nogaret, qui, avec Sciarra Colonna, outrage à Anagni le pape Boniface VIII, Sciarra Colonna au visage de Boniface **mit sa main.**
                                                                                              3 0 3

1304   Bataille acharnée de Mons-en-Puelle. Défaite des Flamands.

Pour réparer le désastre de Courtrai, Philippe le Bel avait pris d'énergiques **mesures.**
                                                                                              3 0 4

1305   Bertrand de Goth, archevêque de Bordeaux, est nommé pape par Philippe le Bel sous le nom de Clément V. Il transportera le siège de la papauté à Avignon.

De la papauté changement de **domicile.**
                                                                                              1 3 0 5

1306   Philippe le Bel, dans une sédition provoquée par l'altération des monnaies, trouve un asile dans la maison des Templiers.

La reconnaissance de Philippe le Bel ne sera que **mensonge.**
                                                                                              3 0 6

1307   Édouard II, fils d'Édouard Iᵉʳ, lui succède au trône d'Angleterre. Il avait épousé Isabelle, fille de Philippe le Bel. Ce mariage engendrera plus tard la guerre de Cent ans.

1307   Condamnation des Templiers. Jacques Molay, le grand-maître de l'Ordre, et tous les chevaliers présents à Paris, sont arrêtés dans leur palais du Temple.

Les mystères du Temple sont **démasqués.**
1 3 07

1310   Cinquante-quatre chevaliers du Temple sont brûlés à Paris comme relaps.

Philippe le Bel prépare des biens des Templiers la **mutation.**
3 1 0

1312   Philippe le Bel s'approprie la plus grande partie des biens des Templiers.

Pour s'emparer des richesses des Templiers, Philippe le Bel ne mit pas **de mitaines.**
1 3 1 2

1314   A Paris, le 11 mars, est brûlé Jacques Molay, des Templiers le grand- **maître.**
3 14

1314   Mort de Clément V.
Il avait prononcé la condamnation des Templiers.

1314   Mort de Philippe le Bel.

On l'a **dû maudire.**
1 3 14

Louis X le Hutin.

1314   Louis X, le Hutin ou le Querelleur, succède à son père Philippe le Bel.

Louis X fut surnommé le Hutin, parce qu'il s'était souvent **hutin montré.**
1 3 14

1315   Enguerrand de Marigny, ministre des finances de Philippe le Bel, est pendu aux fourches patibulaires de Montfaucon.

Quel revers **de médaille.**
1 3 1 5

1315   Louis le Hutin fait étouffer sa femme Marguerite de Bourgogne, l'héroïne de la Tour de Nesle, *sous* **des matelas.**
1 3 1 5

1316 Mort de Louis X le Hutin. Il ne laisse qu'une fille.

1316 Jean 1ᵉʳ, fils posthume de Louis X; il ne vécut que huit jours.

Philippe V le Long.

1316 Philippe V le Long, deuxième fils de Philippe le Bel, arrive au trône par application de la loi salique.

> *L'administration de Philippe le Long fut sage; mais sous son règne, la persécution contre les lépreux et les juifs n'a pas* **été mitigée.**
> 1 3 1 6

1322 Mort de Philippe le Long. Il ne laisse que des filles *encore jeunes* **et mignonnes.**
1 3 2 2

Charles IV le Bel.

1322 Charles IV le Bel succède à son frère Philippe le Long.

1325 Édouard II, roi d'Angleterre, investit son fils de la Guyenne et du Ponthieu.

1327 Édouard II est déposé par le Parlement; il subit un supplice affreux par ordre de sa femme Isabelle, la **démoniaque.**
1 3 2 7

1327 Isabelle fait proclamer roi son fils Édouard III, sous le nom duquel elle espère gouverner.

1328 Charles IV meurt sans héritier mâle.

> *Des premiers Capétiens le récit est* **mené à fin.**
> 3 2 8

BRANCHE DES CAPÉTIENS-VALOIS

Philippe VI de Valois.

1328   Philippe VI de Valois, fils de Charles de Valois et petit-fils de Philippe le Hardi, parvient au trône par application de la loi salique.
C'est des rois Capétiens le **rameau nouveau.**
                             3   2   8

1328   Isabelle, fille de Philippe le Bel, proteste et réclame la couronne de France pour son fils Édouard III.

1328   Philippe VI marche au secours de Louis de Nevers, comte de Flandre, chassé par ses sujets; il remporte sur les Flamands la victoire de Cassel. Nicolas Zannekin, le chef des Flamands, périt à Cassel en combattant comme un **démon, un fou.**
                             1 3   2 8

1337   Commencement de la guerre de Cent ans.
Personne ne dira : d'une guerre de cent ans, je **me moque.**
                             3   3   7

1338   Édouard III débarque à Anvers, dans l'espoir de soulever les Pays-Bas contre la France.

1339   Le brasseur Jacques d'Artevelde traite avec Édouard III au nom des cités de la Flandre;
ils ont tous les **deux même but.**
                             1   3 3   9

1340   Traité d'Édouard III avec les Flamands, qui le reconnaissent pour roi de France.
Les Flamands décident qu'en France Édouard III **dûment roi soit.**
                             1 3   4 0

1340   Édouard III défait la flotte française à l'Écluse et assiège Tournai.

1344   Olivier Clisson et quatorze chevaliers bretons, suspects d'intelligence avec Édouard III, sont invités par Philippe VI à un grand tournoi à Paris, saisis et, sans forme de procès, décapités.
Cette perfide cruauté au nom de Philippe de Valois une tache **demeurera.**
                             1 3   4 4

1345 Jacques d'Artevelde est massacré par la populace gantoise, *et son corps jeté dans un jardin contre une* muraille.
3 4 5

1346 Édouard III débarque en Normandie. Il pille et brûle différentes villes, puis recule devant l'armée du roi de France et va prendre position à Crécy.

1346 Bataille de Crécy. Victoire d'Édouard III. Désastreuse défaite de Philippe de Valois.
Les Français étaient arrivés à Crécy, exténués par cinq lieues de marche
1 3 4 6

1346 A Crécy, les Anglais font pour la première fois usage de canons,
qui donnèrent de l'orage le mirage
3 4 6

1347 Calais, assiégé par Édouard III et que Philippe VI tente inutilement de secourir, est réduit à se rendre aux Anglais.

Dévouement d'Eustache de Saint-Pierre et de cinq autres bourgeois de Calais, qui se rendent au camp et à la discrétion d'Édouard, en chemise et s' *étant mis hart au cou.*
1 3 4 7

1349 Philippe VI acquiert le Dauphiné. C'est depuis lors que les fils aînés des rois de France portent le titre et les armes de Dauphin.
Un dauphin était dans les armoiries peint.
3 4 9

1350 Mort de Philippe VI.
Édouard III prétendait que, de Philippe de Valois, les droits au trône, de par la loi salique, étaient mal assis.
1 3 5 0

Jean II le Bon.

1350 Jean II le Bon succède à son père Philippe VI.
Édouard III rendra le règne de Jean II malaisé.
3 5 0

1351 Combat des Trente, près de Ploërmel en Bretagne.

Plusieurs des combattants sont dans cette mêlée tués.
1 3 5 1

1355 Campagne d'Édouard III en Artois et du prince de Galles, ou prince Noir, en Languedoc.

1356 Bataille de Poitiers. Bravoure du roi Jean et de son fils Philippe le Hardi. Victoire des Anglais commandés par le prince Noir.

Jean II dans cette mêlée échoue.
1 3 5 6

1356 Jean le Bon est fait prisonnier et conduit à Londres. Le dauphin Charles rentre à Paris et la régence du royaume lui échoit.
3 5 6

1358 Étienne Marcel, prévôt des marchands de Paris, soulève le peuple contre l'administration du Dauphin et fait massacrer aux pieds du prince les maréchaux de Normandie et de Champagne.

En ordonnant ce meurtre, Étienne Marcel mal a fait.
3 5 8

1358 Étienne Marcel veut introduire dans Paris le roi de Navarre, Charles le Mauvais. Au moment où il allait lui ouvrir la porte Saint-Denis, *Étienne Marcel par l'échevin Jean Maillard* immolé fut.
3 5 8

1358 La Jacquerie; misère et soulèvement des paysans.

Contre les châteaux, les Jacques s'étaient comme de forcenés démons levés.
1 3 5 8

1359 Édouard III dévaste la France de Calais à Reims et de Reims à Paris.

1360 Traité de Brétigny: Édouard III renonce à ses prétentions à la couronne de France; il obtient en retour, en toute propriété, le duché de Guyenne, les comtés de Poitiers, d'Angoulême et de Ponthieu, et le territoire de Calais. Jean le Bon recouvre sa liberté moyennant trois millions d'écus d'or.

Par le traité de Brétigny, la France un désastreux dommage essuie.
1 3 6 0

1363   Jean le Bon donne le duché de Bourgogne à son quatrième fils, Philippe le Hardi, tige de la deuxième maison des ducs de Bourgogne.

Philippe le Hardi, par son courage à Poitiers, avait mérité ce **dédommagement.**
1 3 6 3

1364   Mort de Jean le Bon à Londres.

Jean le Bon fit plus d'une fois acte **de méchant roi.**
1 3 6 4.

Charles V le Sage.

1364   Charles V succède à son père Jean II le Bon.

Charles V fut surnommé le Sage, parce que par lui les affaires **étaient mieux gérés**
1 3 6 4

1364   Victoire de Cocherel, remportée par Bertrand Duguesclin sur les troupes navarraises du roi Charles le Mauvais, fortifiées d'Anglais et de Gascons, sous le captal de Buck.

Duguesclin fait preuve à Cocherel d'une habilité **majeure.**
3 6 4

1364   Bataille d'Auray. Mort de Charles de Blois. Duguesclin est fait prisonnier par Jean Chandos.

1366   Charles V paye 100 000 francs la rançon de Duguesclin et le donne pour chef aux grandes Compagnies pour une expédition en Castille.

En éloignant les Compagnies, Charles V, en vue d'écarter un redoutable **dommage, agit**
1 3 6 6

1369   Charles V cède la Flandre wallonne à son frère Philippe le Hardi, duc de Bourgogne, afin de faciliter son mariage avec l'héritière du comté de Flandre.

1370   Prise et sac de Limoges par le prince Noir.

1372   Duguesclin conquiert le Poitou.

1373   Reprise de la Rochelle.

1376   Mort du prince de Galles.

1377   Mort d'Édouard III. Avènement de son petit-fils Richard, encore mineur.

1377   Charles V conquiert toute la Guyenne.

1380   Il ne reste plus aux Anglais que Bayonne, Bordeaux, Brest, Cherbourg et Calais.

1380   Mort de Charles V.
    Charles V gouverna avec la froide habilité **d'homme avisé.**
                                                                     1   3   8 0

1370   Aubriot, prévôt de Paris, pose la première pierre de la Bastille, *qui deviendra du despotisme le* **magasin.**
                                                                       3   7   0

    Sous le règne de Charles V, les armures en fer battu sont adoptées par les chevaliers, en remplacement de la cotte de mailles.

Charles VI.

1380   Charles VI, âgé de douze ans, succède à son père Charles V. Conseil de régence des oncles du roi.
    La démence dont sera atteint Charles VI pour la France a **été mauvaise.**
                                                                     1   3   8 0

1382   Bataille de Roosebeke. Victoire des Français sur les Flamands. Mort de Philippe d'Artevelde.
    Le souvenir de Roosebeke sera bientôt pour le roi **dément évanoui.**
                                                      1 3   8 2

1384   Assassinat du comte de Flandre, Louis de Mâle.
    Le duc de Bourgogne, Philippe le Hardi, du chef de sa femme Marguerite de Flandre, hérite de ses États.
    La Flandre à la Bourgogne par la mort de Louis **de Mâle fut réunie.**
                                                      1   3   8   4

1385   Mariage de Charles VI avec Isabeau de Bavière.
        Les destinées de la France sont à ce **mariage fatal liées.**
                                  3   8   5

1392   Charles VI tombe en démence en traversant la forêt du Mans.
        Charles VI dans la forêt **du Mans penaud.**
                      1   3   9 2

1392   Le duc de Bourgogne s'empare du gouvernement.

1396   Trêve de 28 ans entre l'Angleterre et la France.
        La guerre pour 28 ans a **été empêchée.**
                    1   3 9 6

1396   Désastreuse croisade de Nicopolis contre le sultan Bajazet.
        Le comte de Nevers (Jean sans Peur) et l'élite des chevaliers français pour Nicopolis ont **été embauchés.**
            1   3 9 6

1404   Mort de Philippe le Hardi, duc de Bourgogne. Il laisse le trésor vide et de lourdes dettes.
        Philippe le Hardi était un prodigue **trésorier.**
                  14 0 4

Jean sans Peur, son fils, lui succède.

1405   Rivalité entre le duc de Bourgogne, Jean sans Peur, et le duc d'Orléans, frère de Charles VI.

1407   Assassinat du duc d'Orléans. Jean sans Peur s'avoue l'auteur du crime.
        Le duc d'Orléans la nuit dans les rues de Paris avec une faible escorte s' **était risqué.**
                    1   4 07

1410-1412   Guerre civile entre les Armagnacs, parti d'Orléans, et les Bourguignons. Domination dans Paris des bouchers ou Cabochiens, du nom de leur chef l'assommeur Caboche.

1413   Troubles et triomphe des Cabochiens. La Bastille capitule. Irruption de l'hôtel Saint-Pol. Plusieurs officiers du Dauphin sont massacrés.
        Les Cabochiens n'y allaient pas de main morte dans leur **traitement.**
                   14 1 3

1415   Henri V, roi d'Angleterre, débarque à l'embouchure de la Seine avec 6 000 hommes d'armes et 24 000 archers.

1415   Bataille d'Azincourt. Les Français y perdent 10 000 hommes.

A Azincourt, les Français, trop pressés l'un contre l'autre, ne peuvent lever le bras pour férir de la **Durandal.**
1   4   1   5

1415   Le comte d'Armagnac arrive à Paris et s'empare du gouvernement.

1418   Perrinet Leclerc ouvre la porte Saint-Germain au sire de l'Isle-Adam. Massacre dans Paris des Armagnacs par les Bourguignons.

Les Bourguignons, la tyrannie des Armagnacs dans cette **tuerie étouffent.**
1   4   1   8

1418   Le Dauphin Charles VII s'enfuit à Bourges.

1418   Rentrée à Paris d'Isabeau et de Jean sans Peur.

1419   Prise de Rouen par les Anglais, après une opiniâtre résistance.

1419   Entrevue du pont de Montereau entre le Dauphin et Jean sans Peur, qui y est assassiné.

Jean sans Peur, assassiné, au pont de **Montereau tombe.**
1   4   1   9

1419   Philippe le Bon succède à son père Jean sans Peur.

1420   Traité de Troyes, par lequel Isabeau déshérite son fils et assure au roi d'Angleterre, Henri V, le gouvernement du royaume durant la vie de Charles VI, et après sa mort la couronne de France.

Le monstrueux traité de Troyes livre la France aux Anglais et constitue pour le Dauphin Charles une convention **ruineuse.**
1   4   2   0

1420   Henri V épouse Catherine, fille de Charles VI.

1422   Mort de Henri V.

1422   Mort de Charles VI.
                         Jamais la France plus **triste règne n'a eu.**
                                                                         1 4 2 2

1415   Concile de Constance. — Jean Huss est condamné et brûlé vif.
                         Jean Huss dans les flammes se **tortille.**
                                                                         1 41 5

Vers 1420   Jean Van Eyck, de Bruges, invente la peinture à l'huile.
                         L'invention de Jean Van Eyck la peinture **éternise.**
                                                                            1 4 2 0

Charles VII

1422   Henri VI, âgé de dix mois, est proclamé roi d'Angleterre et de France. Son oncle, le duc de Bedford, gouverne la France.

1422   Charles VII, proclamé roi à Poitiers,
                                           est l'héritier du **trône né.**
                                                                               14 2 2

1423-1424   Inertie de Charles VII, appelé dérisoirement le roi de Bourges.
                          Charles VII manque d' **entraînement.**
                                                                             14 2 3

1427   Dunois, bâtard d'Orléans, et La Hire délivrent Montargis des Anglais.

1428   Les Anglais mettent le siège devant Orléans.
                         Orléans est par les Anglais tout **autour envahi.**
                                                                             1 4 2 8

1429   Mission de Jeanne d'Arc ; elle se rend à Chinon auprès du roi Charles VII (février) ; elle force les Anglais à lever le siège d'Orléans (mai), et fait sacrer Charles VII à Reims (juillet).
                       Jeanne d'Arc voit au sacre de Reims la tête **du roi nimbée.**
                                                                                    1 4 2 9

1430   Jeanne d'Arc est prise au siège de Compiègne par le comte de Ligny-Luxembourg et, contre une somme de 100 000 francs, aux Anglais **remise.**
4 3 0

1431   Procès et condamnation de Jeanne d'Arc ; elle est brûlée vive à Rouen, le 30 mai.
Jeanne d'Arc jusqu'au bûcher **tourmentée.**
1 4 3 1

1431   Agnès Sorel arrive à la cour de Charles VII ; elle devient la favorite du roi et acquiert sur lui un grand ascendant.
Charmé par Agnès Sorel, Charles VII point ne se **tourmente.**
1 4 3 1

1431   Sacre du jeune roi anglais à Paris.

1435   Mort de la reine Isabeau : *deux étrangers qui*
1435   Mort du duc de Bedfort : *des affaires de France ne se sont que* **trop mêlés.**
14 3 5

1436   Les Anglais sont contraints d'abandonner Paris qu'occupe l'armée de Charles VII.
Les bourgeois de Paris **font au roi hommage.**
1 4 3 6

1442   Charles VII pacifie le Poitou, la Saintonge, le Limousin. — Le Languedoc et la Guyenne sont repris sur les Anglais.
Sur ces provinces de nouveau le **roi règne.**
4 4 2

1443   Le Dauphin Louis XI entre dans Dieppe, occupé par les Anglais **antérieurement.**
1 4 4 3

1446   Jacques Cœur, intendant des finances, fait rentrer les **arrérages,**
4 4 6

1449   Rouen ouvre ses portes à Charles VII.

1450	Défaite des Anglais à Formigny. Prise de Caen et de Cherbourg. Soumission complète de la Normandie.	
	A Formigny, les Anglais	*étrillés sont.* 14 5 0
1451	Prise de Bordeaux et de Bayonne par Dunois. Toute la Guyenne se soumet.	
1452	Talbot débarque à Bordeaux et soulève la Guyenne.	
1453	Défaite et mort de Talbot. Capitulation de Bordeaux. Les Anglais n'ont plus que Calais.	
1453	Fin de la guerre de Cent ans et de ses	*tiraillements.* 14 5 3
1456	Le Dauphin Louis XI, s'étant révolté contre son père, fuit chez le duc de Bourgogne.	
1461	Charles VII se laisse mourir de faim, craignant d'être empoisonné par le Dauphin, son	*perfide rejeton.* 1 4 6 1

1420	Philippe le Bon institue à Bruges l'ordre de la Toison d'Or,	
	en l'honneur d'une maîtresse dont le front était d'une toison	*d'or nimbé.* 1 4 2 0
1450	Application de l'invention de l'imprimerie.	
	Par l'imprimerie, un immense progrès a	*été réalisé.* 1 4 5 0
1453	Prise de Constantinople par Mahomet II. Chute de l'empire d'Orient.	
	La prise de Constantinople marque la fin du Moyen âge.	
	De la civilisation, le flambeau sera	*bientôt rallumé.* 1 4 5 3

TEMPS MODERNES

Louis XI

1461   Louis XI, accompagné par le duc de Bourgogne, Philippe le Bon, est sacré à Reims.

Le règne de Louis XI est signalé par des ***tragédies.***
                                        1 4 6 1

1462-1463   Louis XI acquiert la Cerdagne, le Roussillon et les villes de la Somme.

Déjà se révèle de la politique de Louis XI le ***régime.***
                                        1 4 6 3

1465   Mécontentement causé par le gouvernement de Louis XI. Révolte organisée par les princes; le comte de Charolais (Charles le Téméraire), fils de Philippe le Bon, est déclaré le chef de la Ligue du Bien public.

1465   Bataille de Montlhéry.

Il n'y eut ni vainqueurs ni vaincus, mais beaucoup furent à ***fuir agiles.***
                                        1 4 6 5

1465   Traités de Conflans et de Saint-Maur.

1466   Louis XI reprend la Normandie qu'il avait cédée à son frère.

De maître la Normandie ***rechange.***
                                        1 4 6 6

1467   Mort de Philippe le Bon.

Sa fin ne fut pas, comme sera celle de son fils Charles le Téméraire, ***tragique.***
                                        1 4 6 7

1468   Entrevue de Péronne entre Louis XI et Charles le Téméraire,

afin de se concilier ***derechef.***
                                        1 4 6 8

1468 Sac de Liège. Louis XI est forcé par Charles le Téméraire d'assister au siège de la ville.

De Liège est par le Téméraire la ruine ***entière achevée.***
1 4 6 8

1469 Le cardinal La Balue, accusé de correspondre avec le duc de Bourgogne, et l'évêque de Verdun sont enfermés dans des cages de fer,

d'où point on ne ***réchappait.***
4 6 9

1472 Le duc de Guyenne, frère de Louis XI, meurt à Bordeaux, peut-être empoisonné. Louis XI occupe la Guyenne.

Louis XI avait contre son frère des sujets ***de rancune.***
1 4 7 2

1472 La guerre recommence entre Louis XI et Charles le Téméraire.

1472 Résistance de Beauvais assiégé par l'armée bourguignonne. Jeanne Hachette s'y montre une vaillante ***dragonne.***
14 7 2

1473 Mariage des deux filles de Louis XI avec Pierre de Beaujeu et Louis d'Orléans.

1473 Louis XI s'empare du duché d'Alençon et du comté d'Armagnac.

1474 Louis XI s'empare de l'Anjou.

Louis XI ***traqueur.***
14 7 4

1474 Louis XI conclut une ligue offensive et défensive avec les huit cantons suisses, qui bientôt après déclarent la guerre à Charles le Téméraire.

Les Suisses deviennent pour Louis XI ***des recrues.***
1 4 7 4

1476 Charles le Téméraire, après avoir conquis la Lorraine, envahit la Suisse. Il est battu à Granson et à Morat.

Le Téméraire de défaite en défaite ***ricoche.***
4 7 6

1477 Charles le Téméraire trouve la mort sous les murs de Nancy. Nancy, alors au pouvoir de René de Vaudémont, par Charles le Téméraire n'a pas *été reconquis.*
   1 4 7 7

1477 Mariage de Marie de Bourgogne, fille de Charles le Téméraire, avec Maximilien d'Autriche.

1475 Ruine de la maison de Saint-Pol. Le comte est décapité en place de Grève.

1477 Ruine de la maison de Nemours; son chef Jacques d'Armagnac est décapité aux Halles.

1479 Bataille de Guinegatte, *de succès et de guignons* *entrecoupée.*
   11 7 9

1482 Mort de Marie de Bourgogne, des suites d'une chute de cheval.
   Marie de Bourgogne tombe de son destrier évanouie.
   11 8 2

1482 Traité d'Arras.

1483 Mort de Louis XI, au château de Plessis-les-Tours.
   Malgré ses cruautés, ses perfidies et ses crimes, Louis XI est cité comme un *roi fameux.*
   4 8 3

Louis XI donna sa confiance à son barbier Olivier le Dain ou le Diable, et au prévôt Tristan l'Ermite, l'exécuteur de ses vengeances.

Charles VIII.

1483 Charles VIII, dit l'Affable, âgé de 13 ans, fils de Louis XI, lui succède sous la régence et la tutelle de sa sœur Anne de Beaujeu, *adroite et* *dure femme.*
   1 4 8 3

1485-1486 Révolte de Louis, duc d'Orléans.
   Le duc d'Orléans contre Anne de Beaujeu *travaille.*
   14 8 5

1491   Charles VIII épouse Anne de Bretagne et assure ainsi cette province à la France.

1494   Expédition de Charles VIII en Italie, pour la conquête du royaume de Naples.

1494   Charles VIII entre en conquérant à Florence; ses exigences et ses menaces. — Fière réponse du gonfalonier Pierre Capponi.

Charles VIII, à Florence, fait parade de sa **rapière.**
4 9 4

1494   Charles VIII entre solennellement à Rome.

Le pape Alexandre Borgia dans le château Saint-Ange se **retire apeuré.**
1 4 9 4

1495   Charles VIII entre à Naples en triomphateur. Il se fait couronner roi de Naples et de Jérusalem.

Naples offre à Charles VIII un séjour **adorable.**
1 4 95

1495   Charles VIII quitte Naples, prévenu par Philippe de Comines de la ligue formée contre lui.

1495   Victoire de Fornoue. Charles VIII avec 10 000 hommes bat l'armée de la Ligue, dont les forces étaient **triples.**
14 95

1495   Charles VIII rentre en France.

1498   Mort de Charles VIII au château d'Amboise.

Charles VIII se heurtant le front contre une porte, au **trépas va.**
14 9 8

Fin de la branche des Valois directs.

1492   Christophe Colomb, génois, découvre l'Amérique.

Aux matelots de Christophe Colomb le long trajet **dut répugner.**
1 4 9 2

1497   Amérigo Vespucci, florentin, côtoie le continent américain.

Amérigo Vespucci passe sous le ***tropique.***
              1 4   9 7

1498   Vasco de Gama double le cap de Bonne-Espérance et aborde à Calicut, sur la côte indienne de Malabar.

Point ne parut le cap des tempêtes redoutable au Portugais Vasco.
        1   4   9   8

Louis XII.

1498   Avènement de Louis XII, de la branche des Valois d'Orléans.

A prendre la couronne, Louis XII point ne ***rebiffe.***
                                          1 4 9 8

1499   Louis XII répudie sa femme Jeanne de France, fille de Louis XI, pour épouser Anne de Bretagne, veuve de Charles VIII. Il maintient à la France, par ce mariage, la possession de la Bretagne.

1496   Philippe le Beau, fils de Maximilien et de Marie de Bourgogne, épouse Jeanne (la Folle), fille de Ferdinand d'Aragon et d'Isabelle de Castille.

1500   De cette union naît à Gand Charles-Quint.

Charles-Quint à Gand passe son ***adolescence.***
                                  1 5 0 0

1499-1500   Louis XII envoie en Italie une nombreuse armée pour la conquête du Milanais.

Louis XII, à son tour, commence une ***dure épopée.***
                                    1 4   9 9

1500   Louis XII fournit des troupes au pape Alexandre VI et à son fils, César Borgia, pour conquérir la Romagne.

1500   Le Milanais conquis, Louis XII conclut avec Ferdinand le Catholique le traité de Grenade pour la conquête et le partage du royaume de Naples.

1502	Hostilités, après la conquête, entre Gonzalve de Cordoue et le duc de Nemours, le vice-roi français.

Sur la part due à la France, Gonzalve de **Cordoue lésine.**
1 5 0 2

1503	Défaite de d'Aubigny à Seminara; défaite et mort du duc de Nemours à Cérignola, et du marquis de Mantoue près du Garigliano.
	Le chevalier Bayard défend seul le pont du Garigliano.

Bayard avait son épée pour **talisman.**
1 5 0 3

1503	Les Français, de tout ce qu'ils possédaient dans le royaume de Naples, opèrent le complet **délaissement.**

1 5 0 3

1506	Mort de Philippe le Beau. Sa veuve Jeanne (la Folle) *de la raison* **perdit l'usage.**

1 5 0 6

1507	Louis XII soumet les Génois révoltés.

Les Génois sont par **Louis secoués.**
5 0 7

1509	Victoire de Louis XII sur les Vénitiens à Agnadel. Les villes qui lui résistent, après Agnadel, Louis XII *les sape.*

5 0 9

1512	Gaston de Foix, duc de Nemours et neveu de Louis XII, remporte une brillante victoire devant Ravenne, mais tombe frappé à mort.

Gaston de Foix meurt sur la terre **lointaine.**
5 1 2

1513	Défaite des Français à Novare; ils évacuent l'Italie au **lendemain.**

5 1 3

1513	Bataille de Guinegatte ou des Éperons.

A la journée des Éperons les Français n'opèrent point leur retraite **lentement.**
5 1 3

1515	Mort de Louis XII, surnommé le Père du peuple; il en **était l'idole.**

1 5 1 5

Commencement de la Renaissance.

> *Pour les Arts et les Lettres c'est du matin l'étoile.*
> 1 5 1 5

LES VALOIS-ANGOULÊME

François Ier

1515   François Ier succède à Louis XII, dont il avait épousé la fille, Claude ; il commence la branche des Valois-Angoulême.

> *François Ier ni à Mars ni à Vénus ne tourna les talons.*
> 5 1 5

1515   Victoire de François Ier à Marignan, sur les Suisses, qui abandonnent le Milanais.

> *A Marignan, les Suisses se retirant en bon ordre, tournent les talons.*
> 5 1 5

1516   Mort de Ferdinand le Catholique.

> *Charles-Quint devient roi d'Espagne. Il était roi de Castille déjà.*
> 1 5 1 6

1519   Mort de l'empereur Maximilien. Charles-Quint, François Ier et Henri VIII, roi d'Angleterre, aspirent à la couronne impériale.

1519   Charles-Quint est élu empereur.

> *De sa grandeur c'est le début.*
> 5 1 9

1520   Et son couronnement à Aix-la-Chapelle

> *au monde l'annonce.*
> 1 5 2 0

1520   Entrevue du camp du Drap-d'Or entre François Ier et Henri VIII.

> *Oncques ne vit-on telles noces.*
> 1 5 2 0

1521	Commencement de la guerre entre François Ier et Charles-Quint.	
1522	Défaite de la Bicoque. Perte du Milanais.	
	Après la défaite de la Bicoque, Lautrec put-il conserver le	*Milanais? non.* 5 2 2
1523	Louise de Savoie, mère de François Ier, provoque par ses persécutions du Connétable Charles de Bourbon l'	*éloignement.* 5 2 3
1523	De trois côtés à la fois la France est envahie par	*l'ennemi.* 5 2 3
1524	Mort de Bayard au passage de la Sésia.	
	Bayard est resté le type de la bravoure et	*de l'honneur.* 1 5 2 4
1525	Bataille de Pavie. François Ier tenait la victoire, *mais sa fougue emportée*	*l'annula.* 5 2 5
1526	Captivité de François Ier à Madrid. — Il ne recouvre sa liberté qu'en signant un traité désastreux.	
	François Ier, captif à Madrid, point n'	*était là en joie.* 1 5 2 6
1527	Le connétable de Bourbon périt au siège de Rome. Ses soldats saccagent pendant neuf mois la ville et lui font subir des tortures et des outrages que ne lui avaient infligés ni	*Vandales ni Goths.* 1 5 2 7
1527-1529	Seconde guerre avec Charles-Quint et paix de six années.	
1536-1538	Troisième guerre avec Charles-Quint et trêve de Nice.	
1539	Charles-Quint obtient de François Ier le passage à travers la France pour aller châtier les Gantois.	
	Pas un ami n'y eût été reçu	*tellement bien.* 1 5 3 9
1543	Quatrième guerre avec Charles-Quint et paix de Crespy.	

1545 Massacre des Vaudois établis à Mérindol et à Cabrières, dans les Alpes de Provence.

> François Ier se montre peu tolérant là.
> 1 5 4 5

1547 Mort de François Ier, au château de Rambouillet, à l'âge de 52 ans.

> François Ier avait été, par excellence, le roi gentilhomme, beau, galant, spirituel, héroïque.
> 1 5 4 7

LA RENAISSANCE

1526 François Ier fait commencer le château de Chambord.

1526 Il fait bâtir Chenonceaux pour la duchesse d'Estampes.

1541 Pierre Lescot donne les dessins de la construction du Louvre. François Ier attire en France Léonard de Vinci, le Primatice, Benvenuto Cellini.

1539 Le latin barbare du moyen âge fait place au français dans la rédaction des jugements et des actes notariés.

1533 Rabelais publie à Lyon Gargantua.

Marguerite de Valois, sœur de François Ier, écrit les Nouvelles de la reine de Navarre (l'Heptaméron). Clément Marot, le poète favori de la cour, traduit les psaumes de David, que les réformés de Paris allaient chanter au Pré-aux-Clercs.

1559 Amyot traduit les « hommes illustres » de Plutarque.

LA RÉFORME

1517   Martin Luther attaque le pape Léon X, qui vend des indulgences pour pouvoir achever la basilique de Saint-Pierre.
Martin Luther commence avec Rome une lutte athlétique.
1 5 1 7

1536   Calvin est nommé professeur de théologie à Genève.
De la Réforme, Calvin à Genève était le mage.
1 5 3 6

1535   Jean de Leyde, chef des anabaptistes, s'empare de Munster.
Jean de Leyde des réformateurs était l'émule.
1 5 3 5

Henri II.

1547   Henri II, fils de François Ier, lui succède. Il avait épousé Catherine de Médicis et eut pour maîtresse avouée la célèbre Diane de Poitiers.
Triste roi, mais cour brillante ; poètes gracieux, sinon lyriques.
5 4 7

1552   Henri II s'empare des Trois Évêchés ; à la France, Metz, Verdun et Toul il unit.
Toul il unit.
1 5 5 2

1552   Charles-Quint met le siège devant Metz ; il est contraint par le duc de Guise de le lever.
Charles-Quint, sans succès, devant Metz d'une imposante armée maintint les lignes.
5 5 2

1554   Charles-Quint est défait devant Renty par Guise et Tavannes.
Charles-Quint à Renty ne voit plus son étoile luire.
1 5 5 4

1555   Abdication de Charles-Quint à Bruxelles. Il cède les Pays-Bas à son fils Philippe.

1556 Seconde abdication de Charles-Quint. Il donne à son fils Philippe ses États d'Italie et d'Espagne; et à son frère Ferdinand Ier ses États d'Allemagne et l'Empire.

Charles-Quint d'un trop lourd fardeau s'était déjà, en partie, à Bruxelles allégé.
                                                        5   5 6

1557 Marie Tudor, reine d'Angleterre, déclare la guerre à la France.

1557 Bataille de Saint-Quentin. Défaite des Français par les armées anglaise et espagnole liguées.
                                    5   5 7

1558 Reprise de Calais sur les Anglais par le duc de Guise.

C'est après 210 ans, de l'occupation de Calais la fin.
                                      5   5 8

1558 Charles-Quint meurt au monastère de Saint-Just.

Son tombeau à Saint-Just il éleva.
                              1 5 5 8

1559 Paix de Cateau-Cambrésis entre Henri II et Philippe II.

1559 Mort de Henri II. Dans un tournoi, il avait été par Montgomery d'un coup de lance à l'œil blessé.
                     1 5   5 9

GUERRES DE RELIGION

François II

1559 François II succède à son frère Henri II.

Agé de 15 ans et chétif, François II semble ne pouvoir être qu'un roi de Lilliput.
                     1 5 5 9

François II avait épousé Marie Stuart.

Crédit des Guises, oncles de Marie Stuart.

1560 Conjuration d'Amboise, formée par les calvinistes et les princes du sang contre les Guises. Défaite et supplice des principaux conjurés.
Les conjurés d'Amboise furent pourchassés avec une impitoyable **diligence.**
1 5 6 0

1560 Mort de François II.
Ce prince était faible d' **intelligence.**
1 5 6 0

Charles IX

1560 Charles IX, âgé de 10 ans, succède à son frère François II. Régence de Catherine de Médicis.
Charles IX aima la poésie **et la chasse.**
1 5 6 0

1561 Marie Stuart quitte la France.
Déjà la destinée n'est pas pour Marie Stuart **indulgente.**
1 56 1

1562 Massacre des huguenots à Vassy.
La première guerre de **religion naît.**
5 6 2

1563 Assassinat de François de Guise devant Orléans, par un gentilhomme huguenot, Poltrot de Méré.
François de Guise par Poltrot est **tué lâchement.**
1 5 6 3

1567-1568 Seconde guerre de religion.
Funestes dissentiments **théologiques.**
1 5 6 7

1568 Condamnation à Bruxelles, par le Conseil des Troubles, des comtes d'Egmont et de Hornes.
Les comtes d'Egmont et de Hornes **montent à l'échafaud.**
1 5 6 8

1568 Édit de Charles IX n'autorisant qu'une seule religion.
Charles IX une seule **religion veut.**
5 6 8

1568 Commencement de la troisième guerre de religion.

1569 Bataille de Jarnac; mort du prince de Condé.

1569 Défaite de Coligny à Moncontour.
         Condé et Coligny étaient du parti du calvinisme les plus vaillants champions.
                                       5 6 9

1572 Jeanne d'Albret, mère de Henri de Béarn, meurt presque subitement; on crut à un empoisonnement (9 juin).
         De Jeanne d'Albret fut courte l'agonie.
                             1 5 7 2

1572 Mariage de Henri de Béarn et de Marguerite de Valois (18 août).

1572 Massacre de la Saint-Barthélemy (nuit du 24 août). Charles IX cédant aux instigations de Catherine de Médicis donne l'ordre de tuer les huguenots.
                             1 5 7 2

1572 Assassinat de Coligny.

1572 Abjuration du roi de Navarre.
         Henri de Navarre, menacé de mort, se déclare au culte catholique uni.
                             1 5 7 2

1573 Henri, duc d'Anjou, frère de Charles IX, est élu roi de Pologne.

1574 Mort de Charles IX.
         Charles IX, dévoré de remords, était atteint de convulsions et d'accès de délire furieux, avec des alternatives de langueur.
                             1 5 7 4

1564 Catherine de Médicis pose la première pierre du palais des Tuileries, qui fut construit sur les plans de Philibert de Lorme.
         Palais où les rois logeront.
                             5 6 4

Henri III.

1574 Henri III quitte furtivement la Pologne et vient en France succéder à son frère Charles IX.
         On reproche à Henri III d'avoir pour ses mignons été langoureux.
                             1 5 7 4

1575 Continuation de la guerre civile. La Sainte Ligue.

1576 Henri de Navarre abjure la religion catholique. Il devient le chef du parti calviniste.
Henri de Navarre n'était pas un catholique chaud.
                      1 5 7 6

1576 Henri III se déclare chef de la Sainte Ligue.
A Henri III le titre de chef de la Sainte Ligue échoit.
                      1 5 7 6

1581 Expédition du duc d'Anjou (duc d'Alençon) aux Pays-Bas.

1584 Mort du duc d'Anjou. Henri de Navarre devient l'héritier présomptif du trône.
Henri de Navarre d'un rival est délivré.
                      1 5 8 4

1587 Marie Stuart meurt sur l'échafaud.
18 ans dans une prison étroite elle vécut.
                      1 5 8 7

1586-1589 Guerre des trois Henri.

1587 Victoire de Henri de Navarre à Coutras sur l'armée royale commandée par le duc de Joyeuse.
Bataille de Coutras : duel fougueux.
                      1 5 8 7

1588 Entrée du duc de Guise à Paris, malgré la défense du roi. Journée des Barricades.
Henri III, de Paris qui contre lui s' était levé, fuit.
                      1 58 8

1588 Assassinat du duc de Guise au château de Blois.
Appelé au cabinet du Roi, point Guise ne sortit de là vivant.
                      1 5 88

1589 Mort de Catherine de Médicis, à Blois, à l'âge de 70 ans.

1589 Henri III fait alliance avec Henri de Navarre. Siège de Paris.

1589   Assassinat de Henri III, à Saint-Cloud, par le moine Jacques Clément.

> *D'un tel crime un parti ne se lave pas*
>   5 8 9

Avec Henri III s'éteignit la Maison capétienne de Valois.

1578   Henri III pose la première pierre du Pont-Neuf, à Paris.

LES BOURBONS

Henri IV.

1589   Henri de Navarre est salué roi de France, sous le nom de Henri IV, par une partie de l'armée.

Les ligueurs refusent de le reconnaître et proclament roi le cardinal de Bourbon, sous le nom de Charles X.

Mayenne, 2ᵉ fils de François de Guise, se déclare chef de la Ligue.

1589   Combat d'Arques ; défaite de Mayenne par Henri IV.

> *A Arques, Henri IV à Mayenne la tête lave bien.*
>   1 5 8 9

1590   Bataille d'Ivry.

> *A Ivry, Henri administre à Mayenne une seconde libation.*
>   1 5 9 0

1590   Mort du cardinal de Bourbon.

1590   Siège de Paris par Henri IV. Opiniâtre résistance.

> *Paris, affamé par un long siège, jusqu'à la plus infime victuaille épuise.*
>   1 5 9 0

Le duc de Parme contraint Henri IV à lever le siège.

1594 Henri IV, après avoir abjuré solennellement à Saint-Denis, a de Paris l'entrée *libre.*
5 9 4

1594 Attentat de Jean Chatel contre Henri IV.
L'attentat de Jean Chatel avait été délibéré.
1 5 9 4

1595 Henri IV déclare la guerre à Philippe II, roi d'Espagne. Il bat les Espagnols et les Ligueurs à Fontaine-Française. C'étaient pour Henri des ennemis *taillables.*
1 5 95

1596 Soumission de Mayenne, de d'Épernon et de Joyeuse, *de la Ligue les principaux chefs.*
5 9   6

1598 Édit de Nantes, qui assure aux protestants la liberté de conscience.
Les protestants connurent de l'Édit de Nantes les bienfaits.
1 5 9 8

1598 Paix de Vervins entre la France et l'Espagne.

1599 Mort de Gabrielle d'Estrées, maîtresse de Henri IV.
Gabrielle d'Estrées fut longtemps la reine, sans avoir du titre l'éclat pompeux.
5 9 9

1599 Divorce de Henri IV avec Marguerite de Valois.
Marguerite, s'oubliant dans sa vie galante, dédaignait de la royauté la pompe.
1 5 9 9

1600 Mariage de Henri IV avec Marie de Médicis.

1601 Naissance de Louis XIII à Fontainebleau.
Louis XIII fut, dès sa naissance, dit le Juste.
6 01

1602 Conspiration et supplice du maréchal de Biron.
A Biron est par le bourreau le coup de hache asséné.
1 6 0 2

1610   Assassinat de Henri IV par Ravaillac.

L'assassinat de Henri IV est une **tache de sang.**
                                   1 6 1 0

Henri IV fit construire la grande galerie du Louvre et terminer la façade de l'Hôtel de Ville de Paris.

Louis XIII.

1610   Avènement de Louis XIII âgé de 9 ans. Régence de Marie de Médicis.

La mort de Henri IV causa une **grande agitation.**
                                   1 6 1 0

1613   Concini est créé maréchal d'Ancre.

L'insolente fortune du Florentin Concini tenait de l' **enchantement.**
                                   6 1 3

1614   Majorité de Louis XIII.

1615   Mariage de Louis XIII avec Anne d'Autriche, fille de Philippe III d'Espagne.

Anne d'Autriche, alors âgée de 13 ans, remarquablement **était gentille.**
                                   1 6 1 5

1616   Premier ministère de Richelieu.

1617   Louis XIII fait tuer le maréchal d'Ancre.

Chute de Concini.
        6 1 7

1617   Léonora Galigaï, femme de Concini, accusée de sorcellerie, est décapitée en place de Grève, et ses restes sont jetés dans les flammes.

Châtiment de Galigaï.
        6 1 7

1617   Marie de Médicis, en disgrâce, est reléguée au château de Blois.

1617   Richelieu est exilé dans son évêché de Luçon.

1617-1621   Gouvernement d'Albert de Luynes.

1622   Marie de Médicis s'est réconciliée avec le roi et obtient pour Richelieu le chapeau de cardinal.

1624-1642 Ministère de Richelieu.
> *Sous Richelieu, la France point ne* **dégénère.**
>   1 6 2 4

1625   Charles Ier, roi d'Angleterre, épouse Henriette de France, sœur de Louis XIII.

1627   Bouttevillle - Montmorency et le comte des Chapelles sont exécutés en place de Grève comme duellistes.
> *A la maladie du duel, Richelieu applique un remède singulièrement* **hygiénique.**
>   6 2 7

1627-1628 Nouvelle guerre contre les huguenots. Siège et prise de la Rochelle.
> *Au siège de la Rochelle, Richelieu preuve* **de génie fait.**
>   1 6 2 8

1629   Expédition de Louis XIII en Italie. Guerre de la Succession de Mantoue.
> *Louis XIII, forçant le pas de Suze, traverse les Alpes du pied de la* **chaîne au bas.**
>   6 2 9

1630   Journée des Dupes. Les nobles et Marie de Médicis intriguent contre Richelieu.
> *Sous le joug de Richelieu ils* **gémissaient.**
>   6 3 0

1631   Marie de Médicis, bannie de la Cour, s'enfuit à Bruxelles, où elle vécut dans un état voisin de la misère.
> *Marie de Médicis, dans ses intrigues* **déjouée, maudit.**
>   1 6   3 1

1632   Conspiration et révolte de Gaston d'Orléans, frère du roi, du duc de Lorraine et du maréchal de Montmorency, gouverneur du Languedoc.
> *Gaston et les autres révoltés vers leur* **perte cheminent.**
>   1 6 3 2

1634   Supplice d'Urbain Grandier, curé de Loudun.
> *Urbain Grandier, accusé de sorcellerie, sur le* **bûcher mourut.**
>   6 3 4

1635   Richelieu déclare la guerre à l'Espagne et à l'Autriche. Commencement de la période française de la guerre de Trente ans.
> *La France avec l'Espagne et l'Autriche se* **chamaille.**
>   6 3 5

1635-1642	Victoire du comte de Rantzau, du duc de Saxe-Weimar, des comtes d'Harcourt et de Guébriant, et de l'amiral Sourdis, archevêque de Bordeaux.
1638	Naissance du Dauphin (Louis XIV), à Saint-Germain-en-Laye.
1638	Mort du père Joseph, l'éminence grise.
1642	Complot de Cinq-Mars et de Thou, qui sont exécutés à Lyon.

A la perte de Cinq-Mars et de Thou Richelieu s' **était acharné.**
                                                                                               1 6 4 2

1642	Mort de Marie de Médicis à Cologne, **déchue, ruinée.** 1 6 4 2
1642	Mort de Richelieu à Paris, au Palais-Cardinal. (Palais-Royal).

Plus que le roi lui-même, Richelieu, depuis de longues années **déjà, régnait.**
                                                                              1 6 4 2

1643	Mort de Louis XIII.

Pour Louis XIII, la royauté eut peu **de charme.**
                                                                            1 6 4 3

1615	Marie de Médicis fait commencer la construction du **château du Luxembourg.** 1 6 1 5
1627	Louis XIII commence Versailles, voulant avoir une résidence **hygiénique.** 1 6 2 7
1635	Richelieu institue l'Académie française, où parfois l'on **chamaille.** 1 6 3 5

On doit à Richelieu le Palais-Royal et le Jardin des Plantes. Il reconstruisit la Sorbonne.

Corneille donne ses tragédies.

1640	Nicolas Poussin est rappelé de Rome et reçoit de Louis XIII le titre de premier peintre du Roi.

Louis XIV le Grand.

1643   Avènement de Louis XIV, âgé de moins de cinq ans.
                          Louis XIV, enfant était **charmant**.
                                             1   6   4   3

       Régence d'Anne d'Autriche. — Mazarin, premier ministre.

1643   Continuation de la guerre de Trente ans *et de ses* **déchirements.**
                                                                   1   6   4   3

1643   Victoire de Rocroy. Condé écrase à Rocroy les Espagnols, qui apprennent à le connaître,
                                       mais ils le payent **chèrement.**
                                                                6   4   3

1644   Victoire de Condé et de Turenne à Fribourg, en Brisgau, sur les Impériaux.
                             Condé à Fribourg déploie une **énergie rare.**
                                                                   6   4   4

1645   Bataille de Nordlingen en Bavière. Les Impériaux sont défaits par Condé et Turenne.

1648   Victoire de Turenne et de Wrangel, à Sommershausen, en Bavière.

1648   Victoire de Condé à Lens, sur l'archiduc Léopold.
                             Condé à Lens, comme la foudre, **rapide à agir fut.**
                                                                   1   6   4   8

1648   Traités de Westphalie, qui mettent à la guerre de Trente ans une fin *longtemps* **déjà rêvée.**
                                                                  1   6   4   8

1648   Opposition du Parlement à l'autorité royale.

       Arrestation du conseiller Broussel.
           Broussel est de sa demeure, sans respect pour la **toge, ravi.**
                                                                   1   6   4   8

1648   Soulèvement de Paris. Journée des Barricades (26 août).
                         Paris douze cents barricades en ce **jour fait.**
                                                                   6   4   8

1648   Commencement de la guerre de la Fronde.

1649 — Anne d'Autriche se retire à Saint-Germain avec ses deux fils, ses *deux chérubins.*
1 , 6 4 9

1649 — Condé assiège Paris. — Paix de Rueil, qui termine la première Fronde.

1650 — Exigences de Condé. Refusé par Mazarin, il se rallie au parti des *petits maîtres*, ou jeune Fronde.
L'ambition de Condé trop haut jalousait.
6 5 0

1651 — Paul de Gondi, coadjuteur de l'archevêque de Paris, irrité contre Mazarin, se rapproche du parti de Condé, et les deux frondes unies forcent Anne d'Autriche à renvoyer Mazarin, qui se retire à Cologne.
Mazarin voyage au *lointain.*
6 5 1

1651 — Majorité de Louis XIV.

1652 — Sanglant combat entre Condé et Turenne au faubourg Saint-Antoine,
où leurs troupes avaient été échelonnées.
1 6 5 2

Condé, entré à Paris, n'y peut tenir longtemps. Il sort de la ville et se retire en Flandre, au milieu des Espagnols.

1652 — Louis XIV et Anne d'Autriche rentrent dans Paris pacifié (21 octobre). Trois jours après, Louis XIV fait défense au Parlement de s'occuper des affaires générales de l'État.
Louis XIV, d'autorité, au Parlement une partie de sa tâche aliène.
1 6 5 2

1653 — Mazarin rentre à Paris, tout puissant, avec un appareil fastueux, *plus que* joliment.
6 5 3

1654 — Louis XIV fait sa première campagne en Lorraine et prend Stenay.
Première effluve d'une conquérante chaleur.
6 5 4

1658 Victoire de Turenne aux Dunes, sur les Espagnols.

1659 Traité des Pyrénées. Mazarin pour la France, et don Luis de Haro pour l'Espagne se rencontrent dans l'île des Faisans, sur la Bidassoa, et concluent la paix entre les deux pays.

Mazarin et Luis de Haro avaient dû se rendre à l'île des Faisans sur **des chaloupes.**
1 6 5 9

1659 Louis XIV épouse l'infante Marie-Thérèse, fille de Philippe IV, roi d'Espagne, en suite d'une clause du traité des Pyrénées.

1659 Condé est reçu en grâce.

1661 Mort de Mazarin.

Mazarin fut un habile ministre, en dépit des mazarinades **chuchotées.**
6 6 1

Mazarin fit construire le Palais qui porta son nom, aujourd'hui la Bibliothèque nationale. On lui doit aussi le collège des Quatre-Nations, actuellement l'Institut.

1661 Louis XIV prend en mains les rênes du gouvernement, secondé par d'habiles ministres : Colbert, Letellier, Louvois, Séguier, de Lionne, etc...

1661 Fouquet, surintendant des finances, offre à Louis XIV, au château de Vaux, une fête splendide.

Fouquet n'en fut que **davantage châtié.**
1 6 6 1

1667 Guerre de Flandre contre l'Espagne, au sujet du droit de dévolution, terminée par le traité d'Aix-la-Chapelle en 1668.

Louis XIV, secondé par Turenne, fait en deux mois la conquête de la Flandre.

Le pays de Flandre Louis XIV s' **adjuge acquis.**
16 6 7

1672   Louis XIV déclare la guerre à la Hollande.
    Aux Hollandais Louis XIV cherche **chicane.**
                 1 6 7 2

1672   Louis XIV passe le Rhin près de Toll-Huis, avec 100,000 hommes commandés par Condé, Turenne, Créqui, Luxembourg et Vauban, et avance jusqu'à Muyden, à quatre lieues d'Amsterdam.
    Les Hollandais arrêtent l'invasion française en ouvrant leurs **prodigieux canaux.**
                 1 6 7 2

1673   Première coalition contre Louis XIV, formée par la Hollande, l'Espagne, l'électeur de Brandebourg et l'empire d'Allemagne.

1673   Louis XIV, après avoir pris Maestricht, retire ses troupes de la Hollande.
    Ses plans, Louis XIV voyant le **danger, commua.**
                 1 6 7 3

1674   Louis XIV conquiert la Franche-Comté.

    Sanglante bataille de Seneffe, entre Condé et Guillaume d'Orange.

    Turenne met le Palatinat à feu et à sang.
    Que de ravages, de misères, **de chagrins!**
                 1 6 74

1675   Mort de Turenne, au village de Salzbach, frappé par un boulet de canon.
    Turenne, grand capitaine, n'était par nul autre en savante **stratégie égalé.**
                 1 6 7 5

1675   Défaite du maréchal de Créqui, à Consabruck. Condé force Montécuculli à repasser le Rhin.

1676   Victoires navales de Duquesne et de d'Estrées.

1677   Campagne de Créqui en Allemagne. — Prise de Fribourg.

1677   Louis XIV reprend la guerre de Flandre. Prise de Valenciennes et de Cambrai. Bataille de Cassel. Gand ouvre ses portes l'année suivante.
    Les pays de Flandre avaient été par Louis XIV une première fois **déjà conquis.**
                 1 6 7 7

1678   Traité de Nimègue.
   Le traité de Nimègue ajouta à la France de
     nouveaux et   riches confins.
             6 7 8

   Pour Louis XIV, le traité de Nimègue la phase la
     plus brillante de son   échiquier fut.
             6 7 8

1681   Louis XIV s'empare en pleine paix de Strasbourg, Luxembourg et vingt autres villes.
   En dépit de la paix, Louis XIV avait un plan de
     conquêtes   échafaudé.
             6 8 1

1681   Bombardement d'Alger par Duquesne.   Alger fouetté.
             6 8 1

1683   Mort de la reine Marie-Thérèse.

1684   Bombardement de Gênes par Duquesne et Seignelay.
   Quatorze mille bombes, Gênes   chauffèrent.
             6 8 4

1685   Révocation de l'Édit de Nantes.
   Contre les protestants, Louis XIV lance un   javelot.
             6 8 5

1688-1697   Guerre de la Ligue d'Augsbourg.
   De la guerre de la Ligue d'Augsbourg pour la
     France l'   avantage fut vain.
             1 6 8 8

1688-1689   Louis XIV fait occuper le Palatinat, que bientôt après Louvois fait incendier.

1690   Victoire de Luxembourg à Fleurus.

1691   Prise de Mons par Louis XIV.
   Mons est par neuf jours de   siège abattu.
             6 9 1

1692   Défaite glorieuse de Tourville à la Hogue, près de Cherbourg.

1692   Prise de Namur par Louis XIV.
   Vauban conduisit le siège de Namur et à la   tâche peina.
             1 6 9 2

| 1692-1693 | Victoire de Luxembourg sur Guillaume d'Orange à Steinkerque (1692), et à Nerwinde (1693). |

> A Steinkerque, puis à Nerwinde est l'armée de Guillaume d' **Orange abîmée.**
> 6 9 8

| 1693 | Horrible sac de la ville d'Heidelberg et destruction de son magnifique château : un **bijou abîmé.** |
6 9 3

| 1693 | Victoire de Catinat à la Marsaille. |

| 1694 | Brillante campagne du maréchal de Noailles en Catalogne. |

| 1694 | Bombardement de Dieppe, du Havre et de Dunkerque par les Anglais. |

| 1695 | Bombardement de Bruxelles par le maréchal de Villeroi. |

> Villeroi envoie sur Bruxelles de bombes une **giboulée.**
> 6 9 5

Exploits de Jean-Bart et de Duguay-Trouin.

| 1697 | Traité de Ryswick, près de La Haye. |

> Pour obtenir la paix, Louis XIV de ses dernières conquêtes dut en **détacher beaucoup.**
> 1 6 9 7

| 1700 | Charles II, roi d'Espagne, institue pour héritier Philippe d'Anjou, âgé de 17 ans, second fils du Dauphin. |

Mort de Charles II. — Louis XIV accepte le testament de Charles II et envoie son petit-fils en Espagne.

> Louis XIV, du trône d'Espagne pour son petit-fils avait ménagé l' **acquisition.**
> 7 0 0

| 1701-1713 | Nouvelle coalition contre Louis XIV, et commencement de la guerre de la Succession d'Espagne. |

> A la succession d'un Fils de France au trône d'Espagne les puissances n'avaient pas **consenti.**
> 7 0 1

1702   Victoire de Villars à Friedlingen.
  Villars à Friedlingen, au prince de Bade, une
      complète défaite   occasionne.
              7 0 2

1703   Victoire de Villars et du duc de Bavière sur les Impériaux à Hochstædt.
  La victoire d'Hochstædt des succès de la France
      la série   consomme.
            7 0 3

1703   Soulèvement des Camisards dans les Cévennes.
  Villars la perte de 100,000 protestants révoltés   consomma.
               7 0 3

1704   Désastreuse bataille de Blenheim. Tallard et Marsin sont défaits par le prince Eugène et Marlborough.
  Blenheim commence pour Marlborough une fortune   de gueusard.
               1 7 0 4
  Blenheim à la France la perte de l'Allemagne   causera.
               7 0 4

1705   Vendôme repousse le prince Eugène à Cassano.

1706   Villeroi perd la funeste bataille de Ramillies, près de Namur.
  A Ramillies, Villeroi se montre, comme toujours,
      incapable d'une   tactique sage.
               1 7 0 6
  Perte des Pays-Bas.

1706   Défaite du duc de La Feuillade devant Turin, qu'il n'avait pu   qu'assiéger.
               7 0 6
  Perte de l'Italie.

1708   Défaite de Vendôme à Audenarde. La France est entamée.
  Lille assiégée capitule.
  Malgré l'héroïque défense de Boufflers, Lille ne put
      être de l'   attaque sauvée.
               1 7 0 8

1709   Le prince Eugène et Marlborough livrent à Villars la sanglante bataille de Malplaquet.
  Les Alliés restent maîtres du champ de bataille, mais avec une perte triple de celle des Français.
  A Malplaquet, les Français leur défaite chèrement   font expier.
               1 709

1712. Bataille de Denain : glorieuse victoire de Villars.

   Villars victorieusement le prince Eugène attaqué à Denain.
                  1 7 1 2

1713 Traité d'Utrecht.

   Un terme aux guerres de Louis XIV le traité d' Utrecht a mis.
                   7 1 3

1714 Traité de Rastadt.

   Par les traités d'Utrecht et de Rastadt, Louis XIV
   à abandonner plusieurs des possessions de
         la France a été contraint.
                 1 7 14

1711 Mort du grand Dauphin, *au trône premier* candidat.
                   7 1 1

1712 Mort du nouveau Dauphin, duc de Bourgogne.
   Mort de la duchesse de Bourgogne et du duc de Bretagne, leur fils aîné.

   La Maison de Louis XIV est désolée par une mortalité continue.
                   1 7 1 2

1714 Mort du duc de Berry, troisième fils du grand Dauphin.

1715 Mort de Louis XIV, à Versailles (le 1ᵉʳ septembre).

   Le règne de Louis XIV, qui fut le règne de la
   royauté absolue, fut aussi le règne du cotillon.
                   1 7 1 5

Sous le règne de Louis XIV brillèrent :

Bossuet, Fénelon, Massillon, Bourdaloue, Corneille, Racine, Boileau, Molière et La Fontaine ;

Pascal, Descartes, La Bruyère, Malebranche ;

Lebrun, Poussin, Claude Lorrain, Lesueur, Girardon, Puget, Coysevox, Couston ;

Les deux Mansard, Perrault, Le Nôtre.

On doit à Louis XIV :

Les Palais de Versailles, la Colonnade du Louvre, l'Hôtel des Invalides, le Val de Grâce, la Manufacture des Gobelins, etc.

Louis XV.

1715   Avènement de Louis XV, âgé de cinq ans, arrière-petit-fils de Louis XIV.
Régence de Philippe, duc d'Orléans.
Philippe d'Orléans est du royaume l'intérimaire **gondolier.**
7 1 5

1716-1720   L'Écossais Law fonde une banque qui deviendra la banque royale. Il crée ensuite la compagnie de la Nouvelle-Orléans et du Mississipi.

La rue Quicampoix devient le théâtre d'un agiotage effréné.
On se livra aux plus extravagantes spéculations; c'était une fièvre, une **contagion.**
7 1 6

Une épouvantable catastrophe suivit.

1717   Pierre le Grand à Paris.
De l'art de gouverner, Pierre le Grand étudiait la **tactique.**
1 71 7

1718   Conspiration du prince de Cellamare, ambassadeur espagnol, contre le régent. C'est de la guerre avec l'Espagne la cause **indicative.**
1 7 1 8

1719-1720   Guerre avec l'Espagne. — Prise de Fontarabie et de Saint-Sébastien. — Traité de paix.
La résistance de l'Espagne **bientôt agonise.**
1 7 2 0

1719   Mort de Madame de Maintenon. Elle s'éteignit au couvent de Saint-Cyr, *dans une situation* **modique tombée.**
1 7 1 9

1720   Peste de Marseille. L'évêque Belzunce prodigue ses soins et ses consolations aux **agonisants.**
7 2 0

1722   Sacre de Louis XV.
Pour célébrer le sacre de Louis XV, on **canonna.**
7 2 2

1723   Mort du cardinal Dubois, premier ministre.
Ce personnage n'était à regretter **aucunement.**
7 2 3

1723   Mort de Philippe d'Orléans.

> La régence de folles et licencieuses orgies point
> n'avait été économe.
>   1 7 2 3

1725   Le duc de Bourbon, premier ministre, renvoie à son père, le roi d'Espagne, l'Infante qui devait devenir la femme de Louis XV.

> L'Infante est renvoyée à sa quenouille.
>   7 2 5

1725   Louis XV épouse Marie, fille de Stanislas Leczinski.

1726   Le cardinal Fleury, ministre.

> Sous Fleury, la France d'une administration
> sage et honnête, depuis longtemps plus connue, jouit.
>   7 2 6

1733-1735   Guerre de la Succession de Pologne.

> Stanislas Leczinski pour conquérir la Pologne
> en vain tous les efforts avait accumulés.
>   1 7 3 5

1741-1748   Guerre pour la succession d'Autriche, entre Marie-Thérèse et Frédéric II.

> Louis XV intervient, et contre Marie-Thérèse une
> inutile guerre décrète.
>   1 7 4 1

1742   Les Français sont assiégés dans Prague. Le maréchal de Belle-Isle, petit-fils de Fouquet, sort de Prague et fait une glorieuse mais pénible retraite.

> Par les rigueurs de l'hiver et par l'ennemi, son
> armée a été écornée.
>   1 7 4 2

1743   Capitulation honorable de Chevert à Prague.

1743   Les Français sont repoussés en deçà du Rhin. — Défaite de Dettingen.

1744   Louis XV envahit les Pays-Bas autrichiens et y guerroiera.
                                                                        1 7 4 4

1745   Bataille de Fontenoy : victoire du maréchal Maurice de Saxe sur les Anglais, les Autrichiens et les Hollandais coalisés.
   A Fontenoy, les Anglais et les Français échangent, avant d'ouvrir le feu, une courtoise **querelle.**
                   7 4 5

1746   Les Français, après s'être emparés de différentes villes, entrent à Bruxelles.
   Capitulation de Bruxelles **découragé.**
             1 7 4 6

1746-1747   Victoires du maréchal de Saxe à Raucoux (1746), et à Lawfeld (1747).

1747   Glorieuses défaites navales des Français près du cap Finistère et près de Belle-Isle.
   De la flotte, glorieux mais **triste crac.**
             1 7 4 7

Opérations navales de La Bourdonnais et de Dupleix aux Indes.

1748   Traité d'Aix-la-Chapelle.
La guerre de la succession d'Autriche ne donna rien à la France ; au contraire, sa situation en a **été aggravée.**
             1 7 4 8

1748-1756   Huit années de paix et de prospérité.

1755   Les Anglais, sans déclaration de guerre, saisissent deux navires français sur le banc de Terre-Neuve et capturent 300 navires marchands. Ce ne fut pas une **attaque loyale.**
             1 7 5 5

1756   Le maréchal de Richelieu enlève la forteresse réputée imprenable de Port-Mahon.
   Port-Mahon par Richelieu **déclenché.**
             1 75 6

1756-1763   Guerre de Sept ans.
Contre la Prusse et l'Angleterre unies, la France fait alliance avec l'Autriche : *funeste* **accolage.**
             7 5 6

1757   Attentat de Damiens sur le roi.
         Louis XV est frappé d'un coup de couteau par
                           Damiens, un ***toqué laquais.***
                                        1 7 5 7

1757   Victoire du maréchal d'Estrées sur les Anglais à Hastenbeck.

1757   Défaite du prince de Soubise, à Rosbach, par Frédéric II.
         Douloureusement se répercute en France de ***Rosbach l'écho.***
                                                   7 5 7

1758   Défaite du comte de Clermont-Condé, à Creveld.
         A Creveld, la France encore va à la ***déclive.***
                                        1 7 5 8

         Nombreux faits de guerre aux Indes. — La France perd ses colonies. Destruction de sa marine.

1763   Traité de Paris.
         Le Canada et ses dépendances, une partie des Antilles, le Sénégal et presque toutes les possessions françaises dans l'Inde sont cédés à l'Angleterre. La France conserve les droits de pêche sur les côtes de Terre-Neuve avec les îlots de Saint-Pierre et Miquelon.
         De la guerre de Sept ans pour la France désastreux fut le ***dégagement.***
                                         1 7 6 3

1764   Mort de Madame de Pompadour.
         La Pompadour n'eut pas la sage influence de l' ***antique Égérie.***
                                        1 7   6 4

1764   L'ordre des Jésuites est supprimé en France.
         Les Jésuites ne purent leur expulsion ***conjurer.***
                                        7 6 4

1765   Mort du Dauphin.
         Le Dauphin par Louis XV n'avait pas ***été cajolé.***
                                        1 7 6 5

1766 Réunion de la Lorraine à la France.
A la France, par la mort de Stanislas Leczinski, la Lorraine dégagée échoit.
1 7 6 6

1768 Mort de la reine Marie Leczinska.

1770 Mariage du Dauphin (Louis XVI) avec Marie-Antoinette, fille de Marie-Thérèse.

1771 Destruction des Parlements.

Banqueroute. — Misère générale.

1774 Mort de Louis XV.
Louis XV fut loin d'avoir les mœurs austères du quaker.
1 7 7 4

Sous le règne de Louis XV brillèrent :
Dans les lettres : Voltaire, J.-J. Rousseau, Montesquieu, Buffon, Diderot, d'Alembert, Fontenelle, Beaumarchais, Bernardin-de-Saint-Pierre, etc...

Dans les sciences : Jussieu, Réaumur, Lavoisier, Lagrange, Laplace, etc...

Les principaux ministres de Louis XV furent, après Fleury, Choiseul, l'abbé Terray, Maupeou et le duc d'Aiguillon.

On doit à Louis XV : l'École Militaire, Sainte-Geneviève (Panthéon), la place qui porta son nom, aujourd'hui place de la Concorde, la Manufacture de Sèvres, etc...

Voyage de circumnavigation de Bougainville.

Louis XVI.

1774   Louis XVI, petit-fils de Louis XV, lui succède.

Louis XVI n'ambitionne pas le titre **de conquérant.**
                                               1 7 7 4

1775   Sacre de Louis XVI.
Il prend pour ministres : Turgot, Maurepas, Malesherbes, puis Necker.

1778-1783   Guerre de l'Indépendance d'Amérique, intervention de la France contre l'Angleterre.

La France est par l'Amérique contre les Anglais à l' **attaque conviée.**
                                               1 7 7 8

Dans la guerre de l'Indépendance se signalèrent :
La Fayette, Rochambeau, et autres officiers français.
Sur mer, exploits de d'Orvilliers, de d'Estaing, de Grasse, du bailli de Suffren, etc...
Siège de Gibraltar.

1783   Traité de paix de Versailles.

Ce traité rend à la France le Sénégal, Tabago, Sainte-Lucie, Saint-Pierre et Miquelon, avec le droit de pêche à Terre-Neuve.

La France avait à la domination anglaise porté **des coups fameux.**
                                             1 7 8 8

1785   Affaire du Collier de la Reine.
La reine Marie-Antoinette est compromise par une intrigue du cardinal de Rohan, *trop* **effronté cavalier.**
                                               1 7 8 5

1787   Les notables sont à Versailles en assemblée **convoqués.**
                                               7 8 7

1787   Renvoi du contrôleur général de Calonne, dont les comptes avaient paru **équivoques.**
                                               7 8 7

1787-1788	Ministère de Brienne.
1788-1789	Second ministère de Necker.
1789	Louis XVI ouvre les États généraux à Versailles (5 mai).
1789	Serment du Jeu de Paume (20 juin). *dont retentira l'écho avant peu.* 7 8 9
1789	Prise de la Bastille (14 juillet). *La Bastille par le peuple courroucé fut prise.* 7 8 9
1789	Le peuple se porte à Versailles et force le roi et sa famille à rentrer à Paris (5 et 6 octobre).
1789	Création des assignats. — Confiscations. — Biens nationaux.
1791	Louis XVI essaie de fuir : il est arrêté à Varennes et ramené à Paris. *Louis XVI dans sa fuite capté.* 1 7 9 1
1792	Le roi et sa famille sont enfermés dans la Tour du Temple (12 août), *qui servit de cabanon.* 1 7 9 2
1793	Louis XVI est condamné à mort par la Convention (17 janvier).
1793	Exécution de Louis XVI (21 janvier).

FIN.

Paris. — Imp. E. Capiomont & C°, rue des Poitevins, 8.

www.ingramcontent.com/pod-product-compliance
Lightning Source LLC
LaVergne TN
LVHW050609090426
835512LV00008B/1414